JN091575

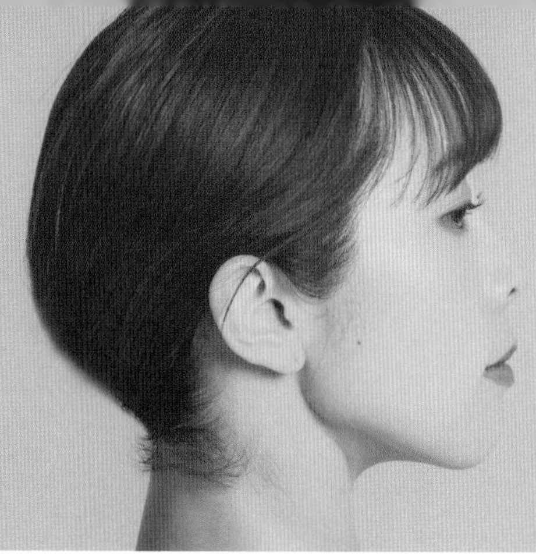

『上半身リセット』を考えた人

佐川 裕香

ボディメイクトレーナー

U-FIX代表。三重県出身。5歳よりバレエを始める。数々のコンクールで入賞し、2009年よりカンヌ・ロゼラ・ハイタワーに入学。帰国後、Kバレエカンパニーに入団。怪我により退団後、2014年より大手スポーツジム、スタジオと契約し、加圧トレーニング、ボディメイク、バレエ、ピラティス、ストレッチ、ZUMBAなどをグループ、パーソナルレッスンで多数指導。
2022年、機能的で美しい、しなやかな心と身体を作るための月額オンラインレッスンを開講する。
12歳の頃からバレエのために過度なダイエットを繰り返し、短期間で合計27kg体重が増減する。ストレスにより心身がボロボロに。幼い頃から猫背、巻き肩、肩こり、ストレートネック、O脚、扁平足という悪い姿勢を改善しないままストイックにバレエに打ち込んだため、長年の骨折を抱えていたことが発覚。そこから様々なフィットネス、コンディショニング、トレーニングを通して身体を見直すことで、骨格が整い、姿勢が改善。心身が解放され、楽になった自身の経験や多くの生徒さんの変化から、身体のアライメントを整えることの重要性をレッスンで伝えている。
YouTube登録者数264万人、Instagramフォロワー数56万人（2023年4月現在）

YouTube: @yuukasagawa5483
Instagram: @yuuka_08
オンラインレッスンURL: https://lp.mosh.jp/u-fix

ダイエットするより

上半身

佐川裕香

SET

キレイになれる

リセット

ボディメイクトレーナー

RE

減らなくても

劇的変化

体重が1gも

見た目は

変えたのは

FRONT

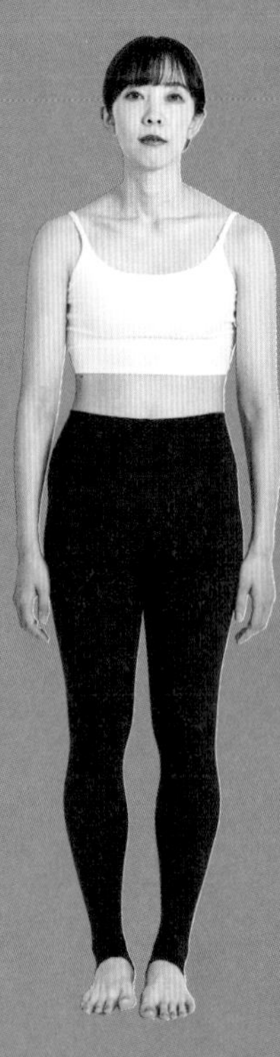

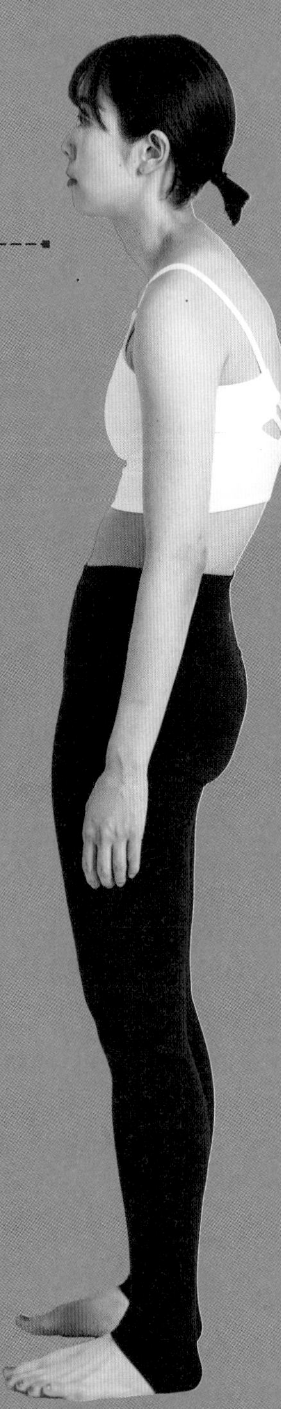

骨の位置

Prologue

たかが猫背、たかが巻き肩、たかが反り腰。
たかが姿勢だ、と思っていたんです。

その「たかが」で、幼少期から人生を捧げていたバレエを最後は怪我のためにやめることになりました。

だからこそ、今、私はレッスンを通して身体を整えることの重要性を日々お伝えしています。

バレエを始めたのは5歳でした。
なぜそこまで夢中になれるのか家族も不思議がるほど、最初からバレエに夢中で、夢はずっと「世界で活躍するバレエダンサー」でした。
私は小さい頃から身長が高く、女性らしい身体つきになるのも早かったからか、それを隠すように姿勢がずっと悪く、その姿勢の悪さをテクニックでカバーしようとただひたすらに、がむしゃらにバレエの練習に励みました。
猫背でストレートネックで巻き肩でO脚で扁平足、おまけに食べることが大好きで太りやすかった私は、全身にコンプレックスがありました。
コンプレックスをカバーするため、美しくなるためにとった選択がダイエットでした。

バレエダンサーって華奢ですよね。
特に、バレエでは上半身の美しさを要求されます。
頭が小さくて、首が長くて、背筋がスッと伸びて……。

そんな身体に近づくため、自分の身体のコンプレックスを克服するためにも小学生の頃からダイエットを開始。

正しい知識もなかったので、痩せるために全く食べない、その反動でドカ食い、その繰り返し。ときには泣きながら食べるという食生活をしていました。

バレエで留学してからは、さらに過度なダイエットをし、166㎝で47kgだった体重は1カ月半で40kg以下に。

そこから今度は67kgまで増量。

ジェットコースターのように短期間で激しく体重が増減したのも影響して、心身がボロボロになり、日本に帰国することに。

帰国後、フィットネスと出合い、そこから身体の構造、トレーニング法を学び始めました。

バレエダンサーを目指し、食べないダイエットを繰り返していた。

ダイエットの反動で体重は27kg増加。

その後、20歳でKバレエカンパニーに入団。
このときまで私は姿勢が悪いまま、身体のバランスが崩れたままで、踊り続けていました。

中学生の頃からずっと足が痛く、5カ所病院を回っても「異常なし」と診断されていたのですが、その足が、入団したときには、一番強い痛み止めを飲んでも地面に足をつけられないほど、何をしても痛くなっていました。
6カ所目の病院で、左中足骨の基節骨が疲労骨折していることがわかりました。

ずっと骨折したまま踊っていたんですね。
この怪我で、バレエ団を退団。

バレエに人生をかけ、色々なことを犠牲にし、ダイエットもしすぎて心と身体を壊して、最終的に怪我でやめることになったので、当時は燃え尽きた状態でした。

このことがきっかけで、本気で身体を見直さなければならないと痛感。

1カ月後には、リハビリもしながら機能解剖学やコンディショニング、ヨガ、有酸素トレーニング、ウエイトトレーニング、ダンスフィットネスなど様々なことを実践しながら身体機能についての勉強を再開していました。

2014年から加圧トレーニング、ズンバ、ボディメイク、ピラティス、ストレッチ、ポールストレッチ、マスターストレッチなど、多くの大手スポーツジムで様々なレッスンをグループやパーソナルで指導し、トレーナーとして活動していく中で、今までにはなかった身体の変化を実感するようになりました。

まず、猫背や巻き肩、なで肩、ストレートネック、O脚が改善しました。

以前は常に10kg以上のリュックを背負っているようにずーんと身体が重だるくて、首こり、肩こりが小さな頃からひどかったのですが、そのリュックが消滅したように身体が軽くなりました。肩こりのない世界があることを、初めて体験して驚きました。

同時に、身体全体の機能が向上したことで、とにかく動きやすくて効率的になったことを実感。

以前、バレエをした後はどっと疲れていたのが、今は運動後、心地よい疲労感で、身体が軽く感じるようになりました。また、バレエの先生に何度言われてもできなかったことも今になって理解し、体現できるようになりました。

そして、見た目も変化しました。

下の写真は過去の私と現在の私です。

昔の写真の方が、体重は今よりも軽いのですが、見た目は現在の方がずっとスッキリしています。

骨の位置をリセットした結果、なで肩とストレートネックも改善。肩のぽっこり部分が消え

2017年の写真。今より体重は軽いのに、上半身がもったりした印象。肩こりがつらく、姿勢はこれでも良くなってきた頃。

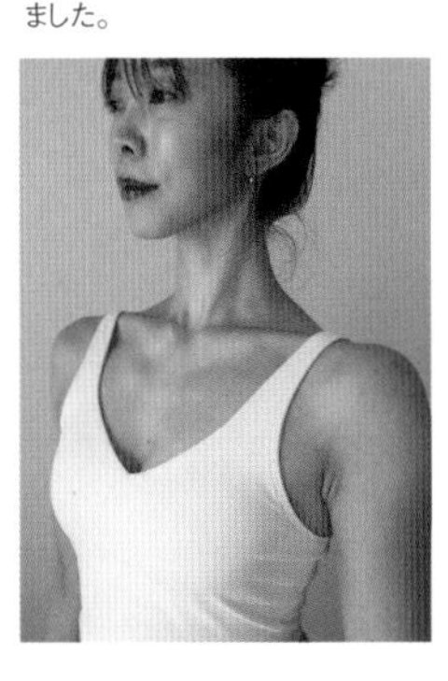

骨の位置をリセットして、上半身全体がスッキリ。身体も楽になりました。

て、巻き肩も改善し、後ろ姿も変わりました。

〝体重を減らしただけでは、変えられないことがある〟

心地がよく、スッキリして力みのない身体を手に入れたことで、身体のコンプレックスや不調を改善するために必要以上に体重や脂肪を落とすような過剰なダイエットは不要だということがわかったのです。

私は長年、姿勢迷子で、良い姿勢がどんな状態なのかわかりませんでした。腹筋も弱く、トレーニングは大嫌い。例えば、プランクなんて全然できなかったんです。

14歳の頃には、筋肉をつけるために、悪い姿勢のまま、300回ウエイトトレーニングをしていて、つけたいところではなく、違うところに300回分の余計な負荷を与えていました。

とにかく悪い姿勢で、変なフォームで、自己流で、間違いだらけでした。

身体の土台である骨格の構造が崩れたままやっていたので、怪我をして、ボディラインも理想とは異なるものになっていました。

がむしゃらにしか頑張る方法を知らなかったんですね。

その結果、小さな頃からずいぶんと遠回りをしてきてしまった。

でも、様々な方法を会得して、今に辿りつけました。

ありとあらゆるフィットネスを学びましたが、「これだけやればいい」という万能なエクササイズは、ありませんでした。

良いところもあれば、ここは物足りないというところもあります。

そこで、それぞれの良いところを集めて、全ての人に共通する身体の土台である骨格を整える方法を考えました。

どんなに素晴らしいエクササイズをしても、根本が崩れていると、せっかく一生懸命やっても期待した効果は得られません。

骨格が整い、身体の本来の機能を取り戻すことができていれば、どんなエクササイズをしても身体にプラスにつながっていくことを感じられます。

よく「身体のために何かしたいけれど、何から始めたらいいかわからない」という声を聞きます。

そんな方へ、まず『上半身リセット』をおすすめします。

この本では、身体の土台である全身の骨格をリセットし、美しく、軽く、心地のよい上半身を作るためのコンディショニングやストレッチを紹介しています。

続けることで、身体を変えていきましょう。

佐川　裕香

Contents

Part.2 上半身リセット Body Make

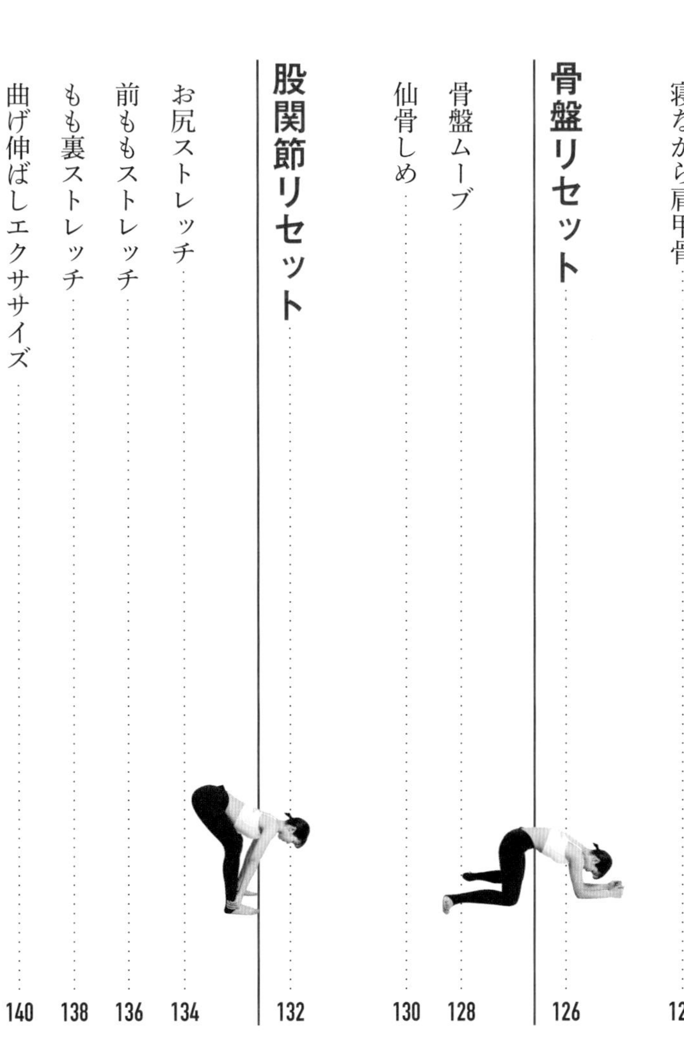

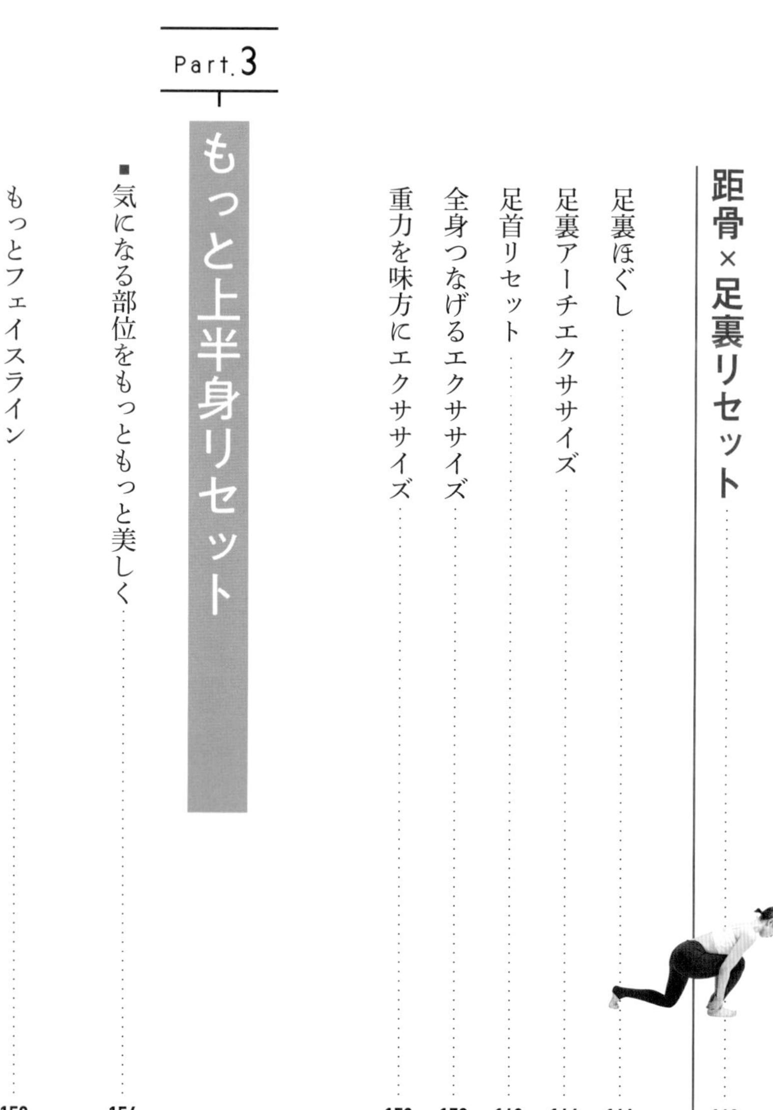

Part.3

もっと上半身リセット

Part. 1

なぜ
上半身リセットが
必要なのか

悪い姿勢が続けば、骨格は崩れます。
骨格が崩れるとさらに姿勢が悪くなり、
ボディラインにも影響が出ます。
また、様々な身体の不調が出る原因にも。
上半身リセットで身体の土台から整えていきましょう。

なぜ、上半身をリセットする必要があるのか

食事をしたり、文字を書いたり、家事をしたり、ＰＣやスマホを使ったりするとき、だいたい頭が前に出て、手のひらは下向き、

腕はいつも身体の前にあります。

日常生活で腕を後ろに使ったり、手のひらを上に向ける動作は、ほとんどないのです。

頭も腕も前に出て、手のひらが下を向いていると、身体が前へ引っ張られ、腕は内巻きに。背中が丸くなるので姿勢が悪くなるのは当たり前。

けれど、そもそも、３６５日、24時間良い姿勢でいる必要はありません。

ただし、良い姿勢は、意識だけで作ることはできません。スマホを使うときに肩も腕も手も身体の前側に出るように、日常生活には身体の前面を使う動作が多すぎます。

デスクワークや立ち仕事など同じ体勢の時間が長くなると、筋肉や筋膜は硬くなり、姿勢、骨格が崩れたままの状態になってしまいます。

その結果、多くの人が、ストレートネック、巻き肩、肩こり、首こり、猫背、反り腰になり、疲れがたまりやすかったり、コリがとれなかったりと不調を感じています。

さらに骨格が崩れているせいで、必要以上に体重を落とさなければと思ったり、老けて見えたり、脚が疲れやすかったり、顔が大きく見えたり、ボディラインや印象にまで影響を与えています。これらは、

全部、身体が潰れているせい。

まるでパンクした自転車のように、重力に負け、身体の中の空間が潰れ、動きに制限がかかっているのに、それに気づかず、一生懸命こいでいる状

態があなたの身体です。

パンクした自転車で必死にこいでも、全然思ったように進めず、最終的には修理できない状態まで壊れてしまいますよね。

潰れてロックがかかっている状態から、ロックを解除し、骨格を良い位置に戻して身体の構造を変えていきましょう。

骨格の中には本来空間があり、それぞれの骨格にはそれぞれの機能があります。

上半身には生きていく上で重要な臓器がいっぱいありますよね。

上半身が潰れていると、臓器にも余計な負担がかかります。

自転車のタイヤにしっかり空気を入れてあげると、すいすいこげるように、潰れてぺしゃんこになった上半身を整え、空間を作ってあげる。それが上半身リセットです。身体に不必要な負担をかけずに、重力に対して力みのない姿勢を作ることは、あなたの心と身体を楽にします。

そのためにも、重力をうまく利用し、潰れた身体をほど良いテンションで縦方向、横方向に引っ張り合うことが大事です。この伸張をエロンゲーションと呼びます。常に身体が縦に、横にと引っ張り合うことで、ぺしゃんこだった身体に空間が生まれます。

Part.2『上半身リセットBody Make』では、エロンゲーションや身体の土台である骨格を正しい位置に戻すエクササイズを紹介しています。

上半身リセットをすることで、身体の可動性はアップします。

本来の機能を取り戻していきましょう。

あなたの本来の身体はそんなものではないのです。

首こり、肩こり、反り腰……。長年のコリや歪みもリセット

「鼻呼吸をしましょう」とあらゆる場面で耳にすると思います。

本来、口は呼吸器官ではなく消化器官。呼吸器は鼻です。生まれてから最初に行う運動も呼吸です。

ただ、ストレートネックで頭の位置が前に出ていると下あごは前に出て、口が半開きになりやすいので、つい口呼吸になってしまいがち。

頭の位置が良くなると鼻呼吸をしやすくなりますし、鼻呼吸をすることで頭の位置も修正しやすくなります。

鼻呼吸は身体の中心部の動作なので、鼻呼吸をすることで全身のバランス感覚がアップし、身体もしなりやすくなります。なので、上半身リセッ

トを鼻呼吸で行うことがより効果的です。

姿勢や骨の位置で、身体は大きく変化します。

例えば、胸の前と首の後ろが硬くなると、首の前の働きが悪くなり、さらに肩甲骨の間も硬くなります。

身体のどこか1カ所でも不調だと、他の箇所にも負担が蓄積されて首こり、肩こり、腰痛……という負の連鎖が起きてしまいます。

前述したように、現代人は身体の前面ばかり使っていて、身体の背面が使われにくく、背中が硬くなっている人がとても多いのです。

全身をしなやかで軽やかに動かすには、ガチガチに固まってしまった

背面を使えるようにすることもとても大切です。

例えば、エクササイズをするときに「肩を下げましょう」とよく言われますが、なで肩の人がさらに肩を下げようとすると、余計に首が前に出たり、肩こりになったりと、骨の位置をさらに崩すことになります。

その場合は、まず肩をグンと上げてから、ストンと下ろします。そこから、肋骨(ろっこつ)を頭から遠ざけるイメージで動かしてみてください。

身体のそれぞれの部位を良いポジションに移動させ、骨格が整うことで、長年の不調からも解放されるのだから、

そのままの身体でいるなんてもったいない!

上半身が変われば印象が変わる

一生懸命ダイエットして体重を減らしたのに、鏡に映った自分の姿を見て「なんか違う」と感じたことはありませんか。

私は何回もありました。

「体重を減らしてもボディラインが崩れている」

「背中が大きく分厚い」

「痩せたのにどうして？」

と落ち込んだことがある人は、そもそもの土台である骨格が崩れている可能性が高いです。私自身、体重が軽かった数年前の自分よりも、今の方が見た目体重は軽そうに見えます。

上半身をリセットすると、フェイスラインのもたつき、デコルテのラインや背中、ぽっこりお腹、首こりや肩こりも今より良くなっていきます。

見た目の印象は劇的変化。

また、ストレートネックや巻き肩、猫背、反り腰などが改善していくことで、顔色も良くなったり、元気になるなど、心にも良い変化が表れます。

疲れがとれやすく、たまりにくい身体になる

のも上半身リセットのメリットです。

けっしてダイエットを否定するわけではありません。ただ、体重を減らすだけでは理想のシルエットを手に入れることは難しいことも。上半身リセットでボディラインを整えていきましょう。

身体を整えることは、全ての運動の基礎。でも、ほとんどの人が身体の動かし方を教わることがない！

例えば、股関節(こかんせつ)はどんな方向に動き、どんな機能を持っているか、背骨のどの部分と肋骨がつながっているか、どのように身体を動かすのが良いのかなどは、プロのアスリートでもないと、知らないまま運動をスタートすることがほとんどですよね。

プロのバレエダンサーを目指していた私でも、何も知りませんでした。

そして姿勢の悪い状態で15年も身体を動かした結果、怪我をしてしまいました。

同じように、崩れた姿勢のまま負荷をかけたエクササイズを100回やっても、1万歩歩いても、効果は半減どころか、私のように怪我をしたり、どこかを傷めたり、身体を壊す原因になります。

スポーツをしている人や運動上級者だけでなく、運動を何もやってこなかった人にも身体を整えることはメリットがあります。

エクササイズをしてみて、なかなか結果が出ないという人は土台の骨格が崩れている可能性があります。

逆に身体の土台が整っていて、身体の使い方を知っていれば、

どんなエクササイズも効率的に効果が得られます。

太もも、ふくらはぎの張り……。下半身に悩みがある人も上半身リセットが必要な理由

背骨や肩甲骨、鎖骨、肋骨がガチガチに固まっていたり、歪んでいたりすると上半身が良い位置で安定しません。

上半身が安定していないと、その分下半身が上半身を支えようとするため、前太ももやふくらはぎに余計な負荷がかかってしまいます。

太ももやふくらはぎが張って、結果的に下半身が大きくなり、太く見えてしまう原因にも。つまり、

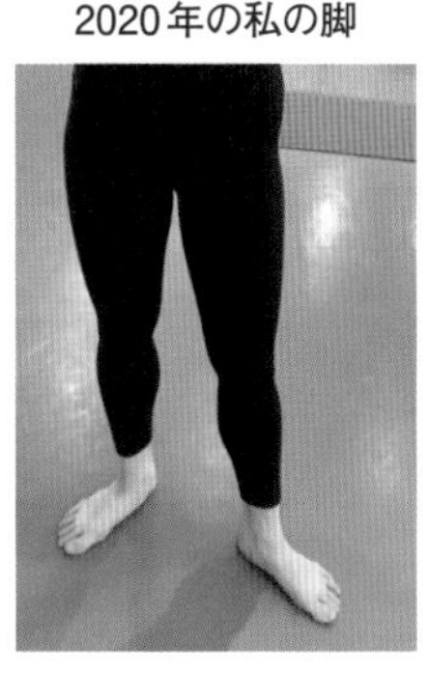
2020年の私の脚

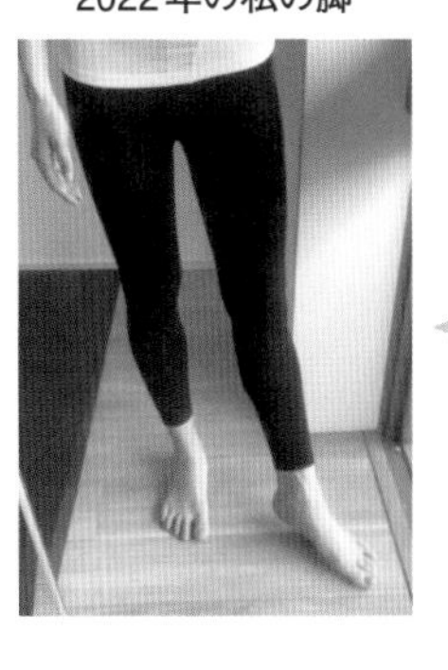
2022年の私の脚

下半身をスッキリさせたいなら、上半身リセットが必要。

例えば、ストレートネックだとつま先重心になりやすく、前ももや外太ももが張りやすくなります。上半身が不安定だとO脚やX脚、お尻が四角くなる原因にも。

下半身をキレイにしたくて、下半身だけトレーニングしている人（昔の私もそうでした）が多いですが、身体はおでこから、背中、足の裏まで筋膜でつながっています。そのことから考えても、一部の部位だけでなく全身をきちんと整えていく必要があります。

上半身リセットでは、背骨、肋骨、肩甲骨、鎖骨（さこつ）という上半身パートだけでなく、骨盤、股関節、足首という、下半身の悩みにも寄り添います。

写真は、2020年の私の脚と現在の私の脚の比較。筋肉の張りがだいぶなくなりましたよね。

40代、50代の生徒さんが私より短期間で身体を変化させている

正直、上半身リセットには即効性はありません。「たった5日間でウエストマイナス10センチ、体重減」みたいなことはありません。ごめんなさい。1週間や2週間で、すぐには変わりません。

骨の位置を適正な位置に戻していくので、歯列矯正のように時間はかかります。

しかし、確実に変化していきます！

骨の配列を整えることで、筋肉の向きや長さが変化するので、同じ人、同じ体重でも見た目が変わります。

特に私は20年近く、間違った身体の使い方をしてきてしまったので、変な癖が染み付いていて、良い変化が出てくるのにもとても時間がかかりました。

私は現在、YouTubeやInstagramで手軽なエクササイズを発信する他に、身体を美しく整える月額オンラインレッスンを開講しています。

そのオンラインレッスンの生徒さんの方が、私よりも身体の変化が早いのです。

［50代の生徒さん］

BEFORE

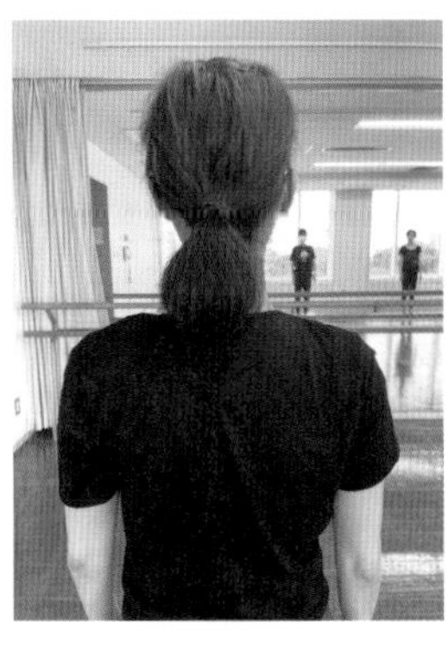

AFTER

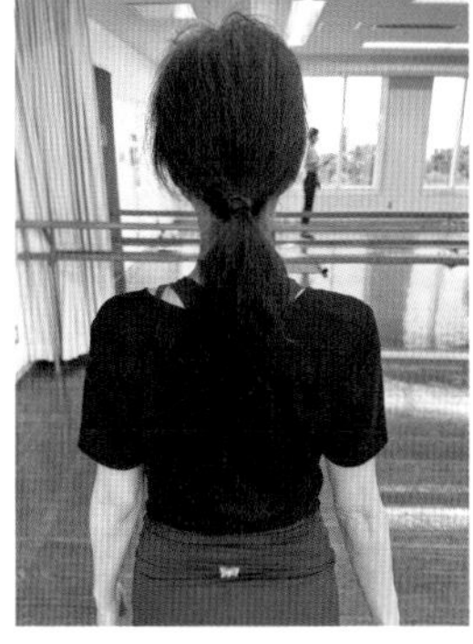

胸や肩甲骨の周りにある筋膜の癒着が解消し、背中がスッキリしてきました。

[45歳の生徒さん]

AFTER　　　　BEFORE

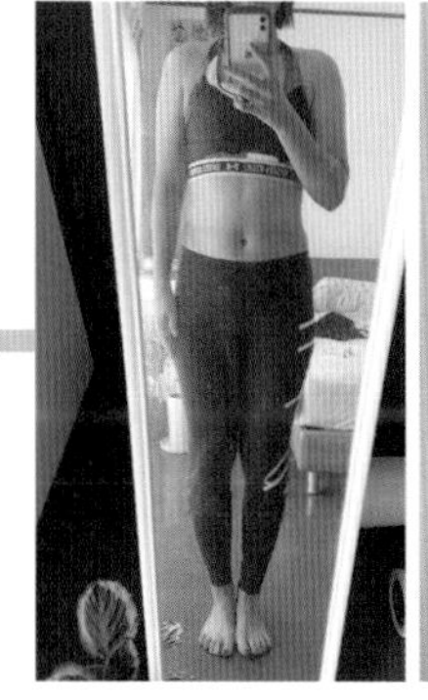
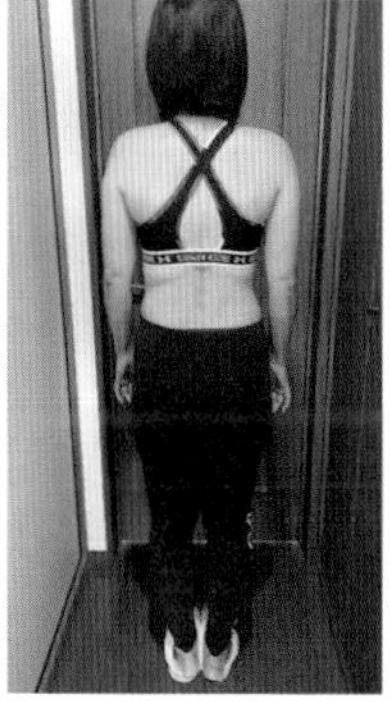

骨の配列が整って、7カ月で別人のように全身がバランス良く、スッキリした印象になりました。見た目の印象が劇的に変化しましたよね。

[50代の生徒さん]

AFTER　　　　BEFORE

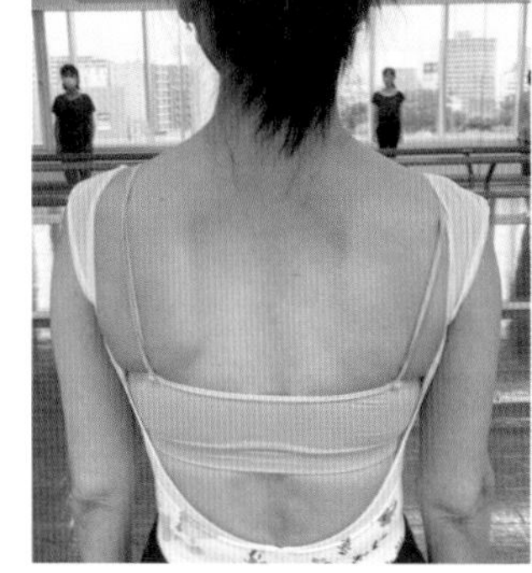

Tシャツを着ているので見えづらいですが、肩甲骨の左右差がなくなり、良い位置におさまったことで背中全体が小さく、巻き肩も改善してきました。

「巻き肩が改善し、首から肩のラインがキレイになりました！」
「背中がスッキリして、後ろ姿に自信がつきました」
「長年の肩こりや腰痛が楽になって、整骨院に通わなくてよくなりました！」
という嬉しい報告を頂くことが増えています。

オンラインレッスンを通して、

いくつになっても骨の配列は整えることができる

ということを生徒さんに教えてもらっています。

すぐ変わるものは、すぐ戻ってしまうことが多いですが、土台から整え、日常的にリセットの習慣をつけることで、今より良い状態に、そして姿勢の崩れのリバウンドも起きにくくなります。

骨格は身体の積み木みたいなもの。

・背骨
・肋骨
・肩甲骨と鎖骨
・骨盤
・股関節
・距骨（きょこつ）と足裏

このどれかでもポジションがずれると
どこかに負担がかかります。

崩れた骨格をリセットして、

自分にとって心地のよい身体を
手に入れましょう。

Part. 2

上半身リセット

Body Make

すきま時間にできる準備運動も兼ねた「すきまリセット」。そして「背骨リセット」「肋骨リセット」「肩甲骨×鎖骨リセット」「骨盤リセット」「股関節リセット」「距骨×足裏リセット」の7つのリセットを紹介します。

上半身リセットは こんな感じで始めてみて!

上半身リセットの種類

すきま時間にできる「すきまリセット」と「背骨リセット」「肋骨リセット」「肩甲骨×鎖骨リセット」「骨盤リセット」「股関節リセット」「距骨×足裏リセット」の6つの骨格リセット、全部で7つのブロックに分かれています。

上半身リセットでは、「ながら運動」ではなく、すきま時間の活用を推奨しています！
自分の大切な身体をリセットするための時間なので、1分、2分の間だけでも他のことは手を止めて、自分の身体に集中しながら行ってみてください。

すきまリセット

デスクワークや立ち姿勢など長時間同じ姿勢が続くときに、この「すきまリセット」を活用してください。背骨や肋骨、肩甲骨×鎖骨など、各「骨格リセット」の前に準備運動として行えば、その後のエクササイズでも身体が動きやすくなります。

骨格リセット

背骨、肋骨、肩甲骨×鎖骨、骨盤、股関節、距骨×足裏リセットでは、それぞれの骨がどこにあるのかなど、普段はなかなか気にもとめないことにも意識を向けて、左ページのスケジュール例を参考に実践してみてください！　こまめに行うことで崩れた姿勢や骨格がリセットされていきます。

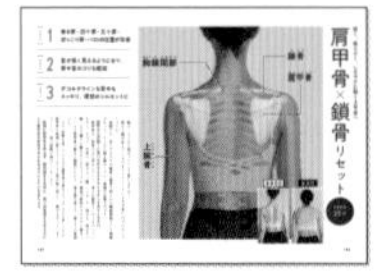

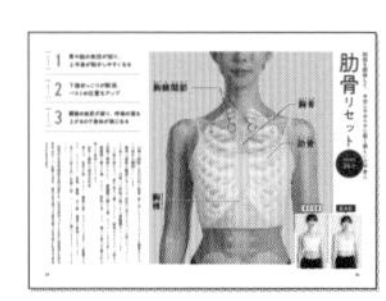

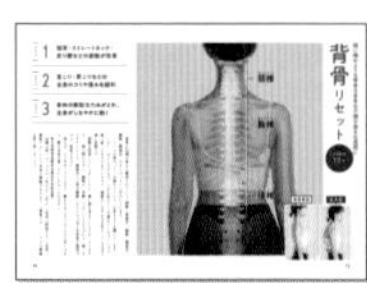

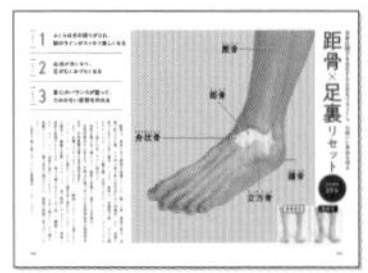

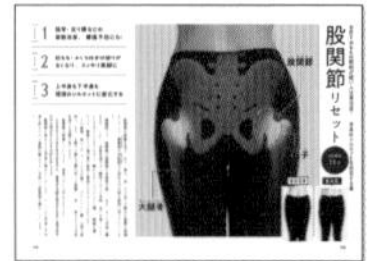

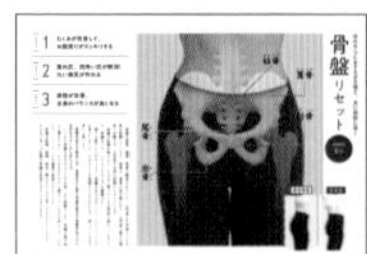

[上半身リセットの進め方　1週間プログラム]

スケジュール例① 毎日コツコツ1リセット以上

月	火	水	木	金	土	日
すきま＋背骨リセット	肋骨リセット	肩甲骨×鎖骨リセット	骨盤×股関節リセット	休み	距骨×足裏リセット	背骨＋肋骨リセット

まずは始めることが重要なので、
1日1エクササイズだけでも大丈夫！

スケジュール例② いっきに全身リセット

月	火	水	木	金	土	日
休み	休み	すきま・背骨・肋骨・肩甲骨×鎖骨リセット	休み	休み	骨盤・股関節・距骨×足裏リセット	休み

私は出来るときにまとめてやることが多いです!
自分のスケジュールに合わせてやってみてくださいね。

上半身リセットエクササイズの使い方

目安時間：2分　目安回数：5〜8回ずつ
動画でCHECK!
キャットストレッチ
丸める
反る
ねじる
横に倒す
STEP 1
正座で背中を丸めて反らす
正座になる。ひざが痛い人はあぐらでOK。指先を少し外に開き、手のひらをしっかり広げておく。その状態で背中を伸ばし、吸って吐きながら手で床を押して背中を丸める。吸う息で背骨一つ一つを動かすように背中を反らしていく。5〜8回繰り返す。
74

POINT 1

各エクササイズごとにQR動画解説がついています。
エクササイズを始める前に、まず動画で確認してみましょう。

POINT 2

各エクササイズごとに「のばす」「整える」「ほぐす」など、どんな動作をしているかが確認できます。

POINT 3

エクササイズをしているとき、身体のどの部分が使われているかや伸びを感じているかがわかるように、色をつけています。参考にしてみてください。

POINT 4

目安の時間と回数を記しています。
やりすぎには注意です！

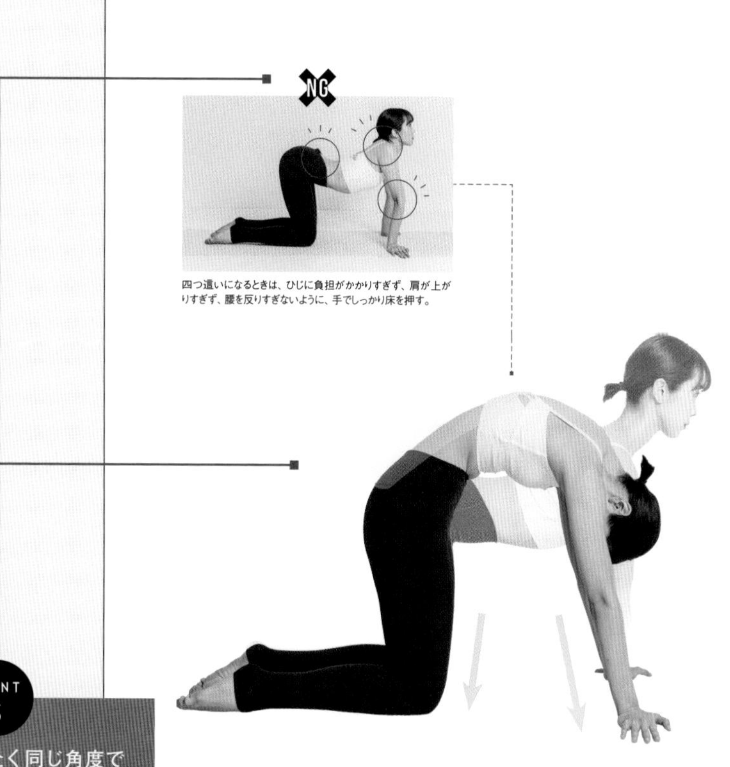

NG

四つ這いになるときは、ひじに負担がかかりすぎず、肩が上がりすぎず、腰を反りすぎないように、手でしっかり床を押す。

STEP 2 四つ這いで背中を丸めて反らす

脚を骨盤幅に開き、手は肩の真下にセットし、四つ這いになる。指先はしっかり横に向ける。背中を伸ばし、吸って吐きながら背中を丸め、吸う息で背中を反らす。5〜8回繰り返す。

75

POINT 5

写真や動画と全く同じ角度で動く必要はありません。
できなくてもOK！ できない動きはあなたの伸びしろ部分です。POINTや解説で書かれていることを無視して、自己流でやらないことが重要です。必ず無理はせずに、自分ができる範囲でやってみてくださいね。

上半身リセットの準備運動にもなる

すきまリセット

目安時間
14分

［メリット］ 1 仕事や家事の合間に、短い時間で簡単リセット

［メリット］ 2 ストレートネック、猫背、巻き肩の方にもおすすめ

［メリット］ 3 エクササイズで身体を痛めないための準備運動になる

普段運動慣れしていない人がいきなりエクササイズに挑戦すると、首や手首、腰などに負担がかかり、痛みを感じてしまうこともあります。そのため、本格的な骨格リセットを始める前に、まずこの「すきまリセット」をして、身体をほぐしてみましょう。

「すきまリセット」で紹介するストレッチやエクササイズは、椅子に座ったまま、立ったままできる動きばかりです。

なんだか疲れたなと感じたら、デスクワーク中や家事の合間など、日常生活のすきま時間に気軽にリセットしてみてください。

60ページで紹介している「すきま骨盤リセット」は、「骨盤を立たせて座る」ことが上手にできない人やどういう状態が骨盤が立っているかわからない人にとって、おすすめの動作です。

デスクワークやスマホを長時間見る人は姿勢が崩れやすくなるので、こまめにリセットしてみてください。

目安時間：4分　目安回数：左右1～2回ずつ

動画で CHECK!

すきま 手&腕ストレッチ

• POINT •

指も固まっている人が多いので、自然な感じで指も開き、痛くならない程度に優しく押さえる。

STEP 1 手のひらを押し出して伸ばす

手の指を軽く開き、反対の手で持って手のひらを押し出す。手のひらと腕の前側の伸びを感じながら、肩の延長線上でキープ。余裕があれば、そのまま腕を上下に動かして、伸びを深める。30秒くらいを目安に左右1～2回ずつ繰り返す。自然な呼吸でOK。

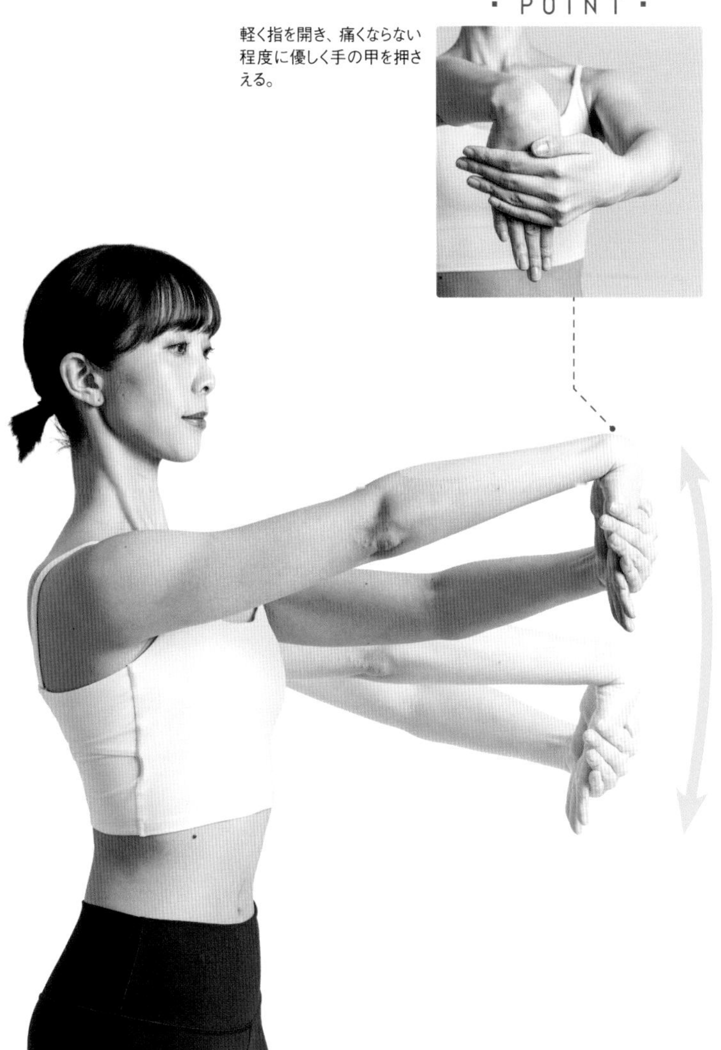

・POINT・
軽く指を開き、痛くならない程度に優しく手の甲を押さえる。

STEP 2

手の甲を押し出して伸ばす

手の指を軽く開き、反対の手で持って手の甲を押し出す。1と同じ動きをする。手のひらを下に向けて作業することが多い人は、腕や手が硬くなりがち。首こりや肩こりなどの不調につながるため、しっかりほぐす。自然な呼吸でOK。

目安時間：1～2分　目安回数：8～10セット

動画で CHECK!

すきま腕リセット

・POINT・

鎖骨からが腕と意識しながら、親指からねじっていく。ひじのしわが外側になるようにねじる。

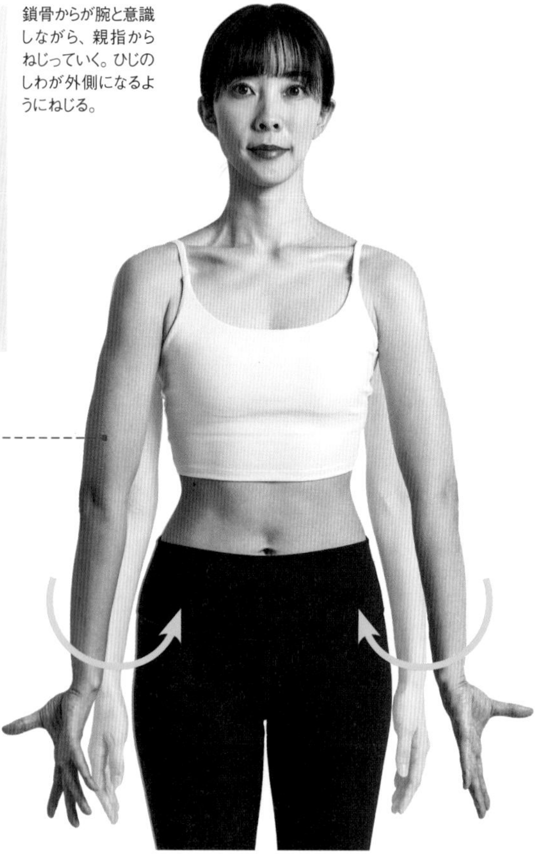

STEP 1 腕を内側にねじる

腕をだらんと下に伸ばした状態で、親指から腕全体を誘導するように内側にねじっていく。自然な呼吸でOK。

▪ POINT ▪

鎖骨からが腕と意識しながら、小指と薬指からねじっていく。ひじのしわが内側になるようにねじる。

STEP 2

腕を外側にねじる

腕をだらんと下に伸ばした状態から、肩を外に開くように小指と薬指で誘導しながら、腕全体を外側にねじる。1と2の動きで1セット。8〜10セットを目安に繰り返す。自然な呼吸でOK。

目安時間：2分　目安回数：8~10回

動画でCHECK!

すきま 骨盤リセット

・POINT・

骨盤が立ちにくい人は、タオルをたたんだものをお尻の下に置くのがおすすめ。

イスでもOK

STEP 1

足裏を合わせ、骨盤を立たせて座る

足裏を合わせて、坐骨（ざこつ）の少し前のあたりに上半身を乗せて座る（この姿勢が骨盤を立たせて座る状態）。この姿勢が難しい人は、片脚を前に出してもOK。背中の伸びを感じて。

STEP

2 骨盤を後ろに倒して戻す

吐く息で骨盤をごろんと後ろ側に倒し、吸う息で1の姿勢に戻る。背骨が縦に引っ張り合うことを意識しながら、1と2の動きを8～10回繰り返す。長時間の座り姿勢で、骨盤や股関節がガチガチになっている人におすすめ。骨盤がしっかり立つことで首もしっかり立つようになる。

目安時間：1分　目安回数：2～3回ずつ

すきま 首ほぐし

POINT
500円玉の大きさの円を描くように。

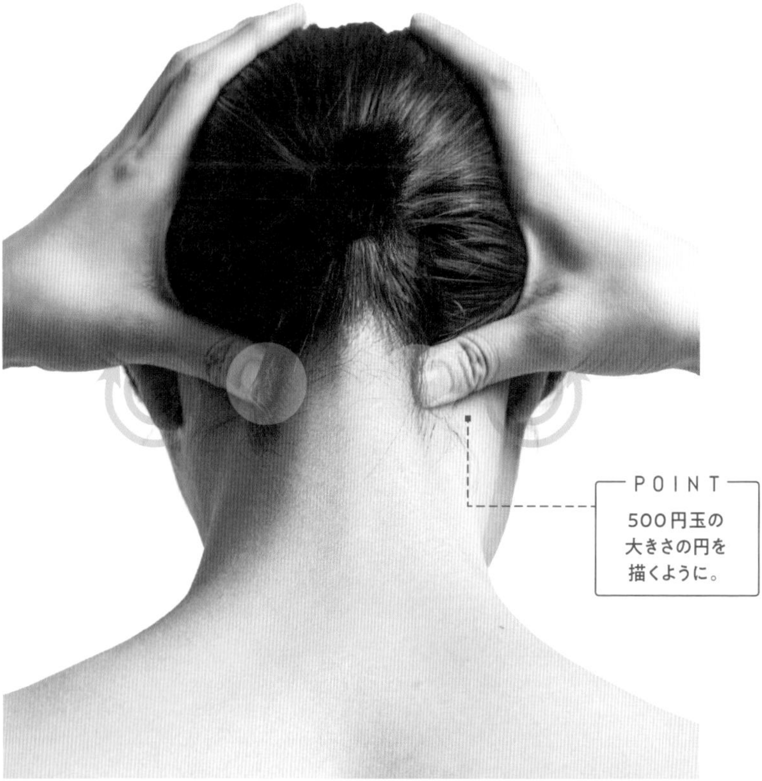

STEP 1

頭と首の境目のくぼみをほぐす

頭と首の境目のくぼみを親指で軽く押さえて、他の指4本で頭を包み込む。その状態で親指で円を描くように優しくほぐす。

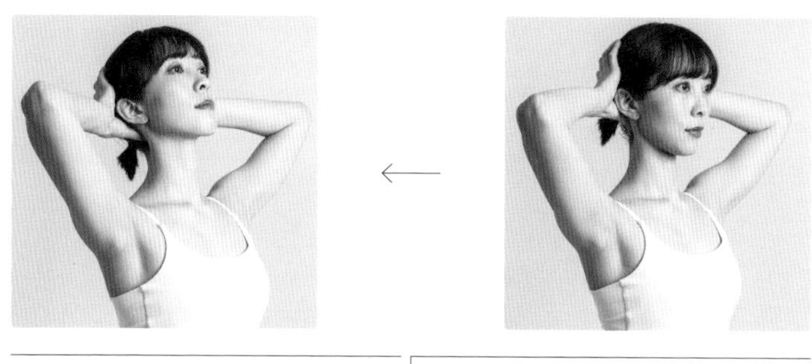

POINT
ひじを少し前に出すと肩の負担が減る。

STEP 2

顔を斜め上に持ち上げる

1の状態で余裕があれば、顔を斜め上に持ち上げて、さらに深くほぐしていく。首の後ろが硬く、首の前がゆるくなって頭が前に出やすくなっているとストレートネックの原因に。ほぐすことで頭の位置を安定させていく。

目安時間：1分　目安回数：1～2セット

すきま 首後ろストレッチ

動画でCHECK!

STEP 1 頭に手をセットする

頭と首の境目のくぼみを親指で軽く押さえて、他の指4本で側頭部を包み込む。

STEP

2

背中を丸め、首の後ろを伸ばす

そのままおへそをのぞき込むように背中の少し上部分を丸める。背中と首の後ろの伸びを感じながら30秒キープ。自然な呼吸を続けながら、身体を起こして1の姿勢に戻る。1と2の動きで1セット。1〜2セットを目安にする。

目安時間：2分　目安回数：1~2セット

すきま 首横ストレッチ

動画で
CHECK!

POINT
耳の後ろあたりに手を添える。

STEP 1

側頭部と骨盤に手をセットする

耳の少し後ろ側に手を添えて、もう片方の手は指をしっかり広げた状態で手の甲を骨盤の後ろあたりに添える。

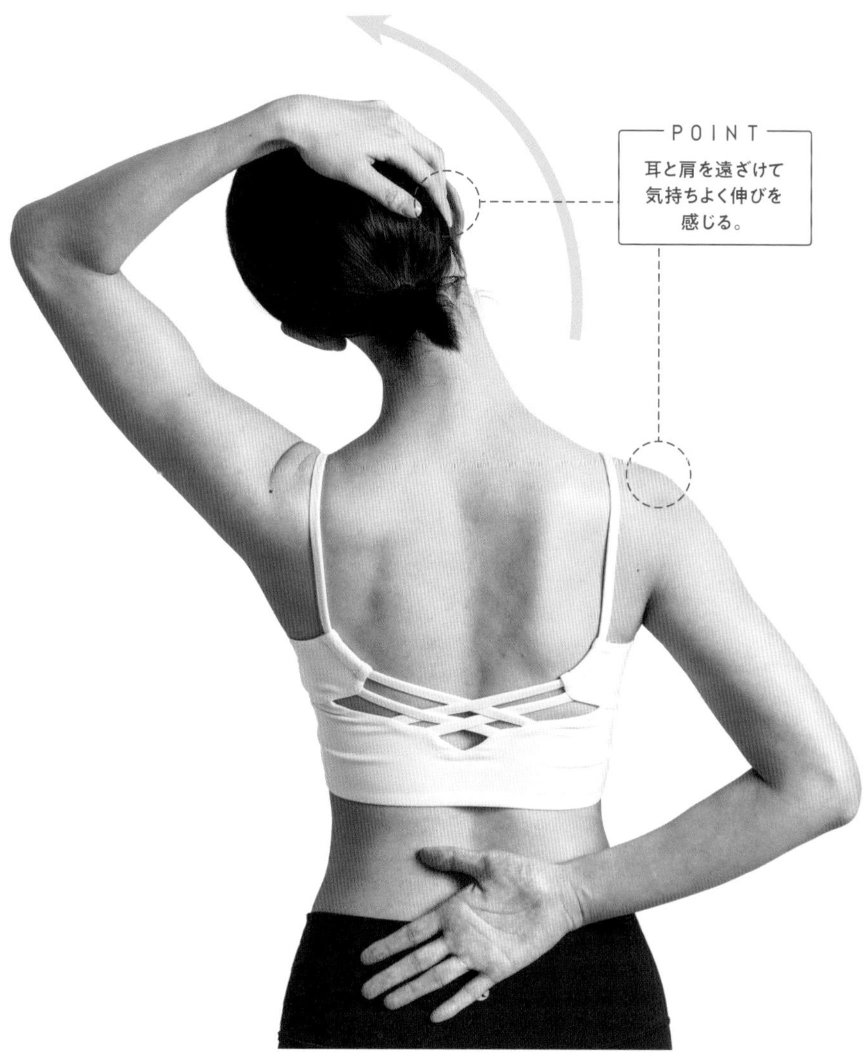

POINT
耳と肩を遠ざけて
気持ちよく伸びを
感じる。

STEP

2

首を横に倒して30秒キープする

吸う息で頭を横に倒していく。耳たぶと鎖骨の先端を遠ざけるイメージで伸ばしていく。自然な呼吸を続けながら30秒キープ。無理に伸ばしすぎると痛める原因になるため、優しく行う。30秒後、1の位置に戻る。反対側も同じ動きを。1～2セットを目安にする。

目安時間：1分　目安回数：1~2セット

動画で CHECK!

すきま 首前ストレッチ

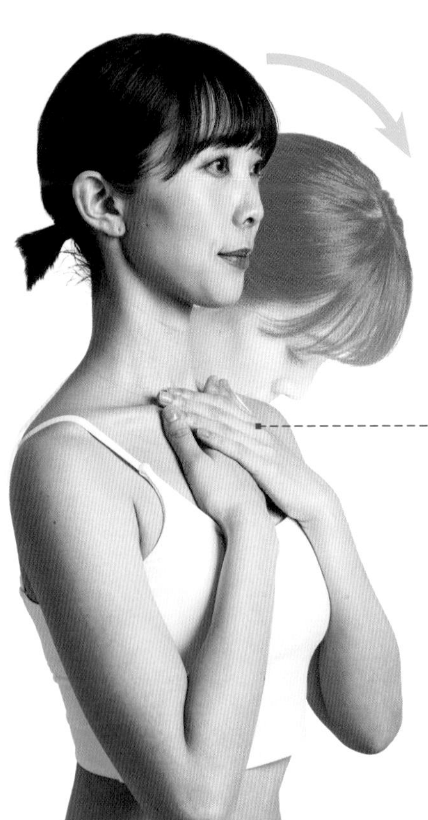

・POINT・

クロスする手はどちらが上でもOK。皮膚を下に引っ張りながら手で押さえる。

STEP 1 皮膚を下に引っ張り、あごを下げる

鎖骨あたりで手をクロスし、手で押さえている部分の胸の皮膚を下げながら、あごが手につくまで、うなずくように顔を下げる。20秒キープ。自然な呼吸を続ける。

この動きで1セット

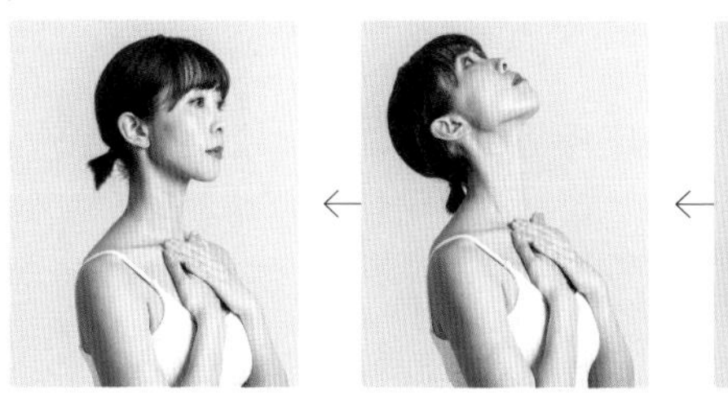

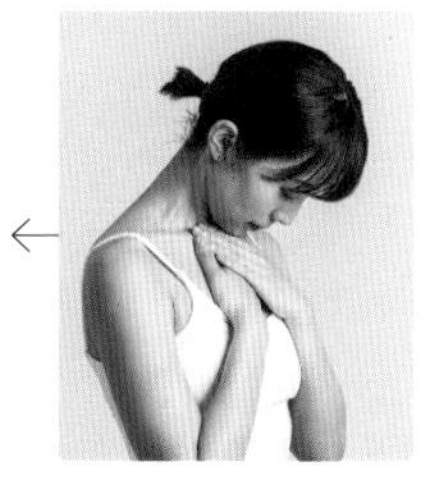

STEP

2

あごを上げ、首の前を伸ばす

クロスした手で押さえている皮膚を下に引っ張ったまま、あごを上げ、首の前側の伸びを感じる。20秒キープ。自然な呼吸を続ける。20秒後、1の最初の姿勢に戻る。1〜2セットを目安にする。

目安時間：1分　目安回数：3~5回ずつ

動画で
CHECK!

すきま 頭の位置リセット

POINT
頭は前に出す。

STEP 1 指をセットして、頭を前に押し出す

親指と人さし指で頭と首の境目のくぼみを下から上につまみ、もう片方の手は鼻の下に人さし指をセットして、頭を前に押し出す。

POINT
ストレートネック、猫背の人は頭の位置が前に出て首が短く見える原因に。口呼吸にもなりやすいため、頭の位置を戻すことで鼻呼吸もしやすくなる。
POINT

首の後ろのくぼみを指でつまみながら、軽く上へ引っ張る。ひじを開いたままつまむのが難しい人は、ひじを前に持ってきて肩の負担を減らして行う。

STEP 2 鼻の下の指で頭の位置を押す

1の頭を前に押し出した状態から、くぼみを下から上に持ち上げながら、鼻の下を後ろに押して頭の位置を戻す。3～5回繰り返し、手を入れ替えて同様に行う。自然な呼吸でOK。

背骨リセット

固い棒のような背骨は全身の不調や歪みの原因に

目安時間
13分

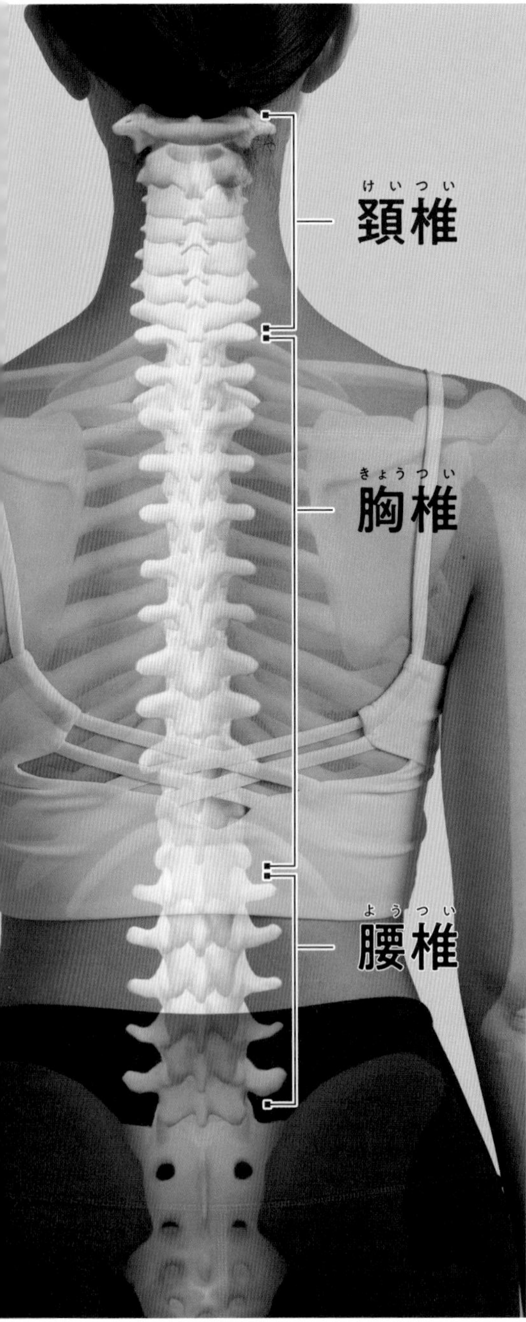

頸椎（けいつい）

胸椎（きょうつい）

腰椎（ようつい）

GOOD

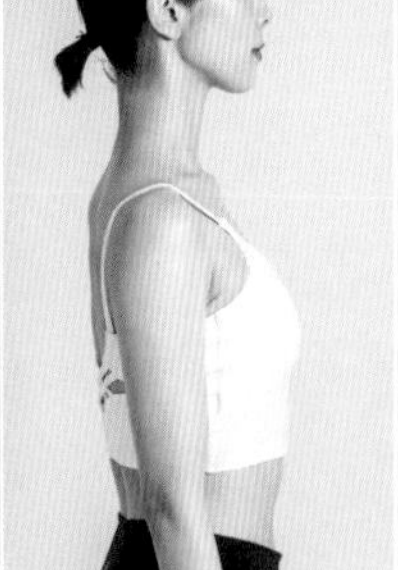

BAD

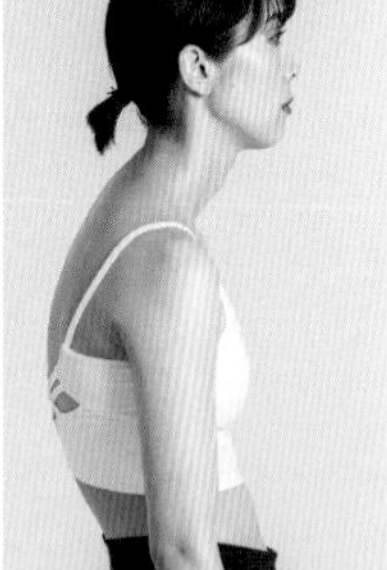

［メリット］1 猫背・ストレートネック・反り腰などの姿勢が改善

［メリット］2 首こり・肩こりなどの全身のコリや痛みを緩和

［メリット］3 身体の無駄な力みがとれ、全身がしなやかに動く

背骨は24個の骨から構成されていて、頚椎（首部分）、胸椎（胸部分）、腰椎（腰部分）の3つのパートに分かれています。

一つ一つの骨のパーツが連なっていて、S字カーブを描いています。しかし、ほとんどの人は、このS字カーブが潰れてしまっていたり、真っ直ぐになりすぎていたりで、理想のしなやかなS字カーブとはほど遠い状態です。

頚椎は安定していてほしいのに、重い頭を支えているためぐらつきやすく、前に倒れやすい。胸椎は、可動してほしいところだけど、固くなりやすいところ。腰部分には骨が腰椎しかないので元々不安定な箇所だけに、安定させたい。

例えば、エクササイズのときに、腰からねじろうとする人が多いけれど、腰は本来5度くらいしかねじられません。

ねじる動きは胸から動かすのが正解！

24個の骨一つ一つには「丸める」「反る」「左右に回旋する」「左右に側屈する」という本来の機能があります。「背骨リセット」でその機能を取り戻しましょう。

目安時間：2分　目安回数：5〜8回ずつ

キャットストレッチ

動画で
CHECK!

STEP 1

正座で背中を丸めて反らす

正座になる。ひざが痛い人はあぐらでOK。指先を少し外に開き、手のひらをしっかり広げておく。その状態で背中を伸ばし、吸って吐きながら手で床を押して背中を丸める。吸う息で背骨一つ一つを動かすように背中を反らしていく。5〜8回繰り返す。

四つ這いになるときは、ひじに負担がかかりすぎず、肩が上がりすぎず、腰を反りすぎないように、手でしっかり床を押す。

STEP 2

四つ這いで背中を丸めて反らす

脚を骨盤幅に開き、手は肩の真下にセットし、四つ這いになる。指先はしっかり横に向ける。背中を伸ばし、吸って吐きながら背中を丸め、吸う息で背中を反らす。5〜8回繰り返す。

目安時間：2分　目安回数：左右1〜2セット

背中ストレッチ

別アングル

STEP 1

四つ這いで、ひざ下を横にずらす

四つ這いになって、脚をぴったり閉じる。両ひざ下を右に移動させる。

POINT
背中から腕の
伸びを感じる。

STEP 2

片腕を斜めに伸ばし、お尻を引く

自然な呼吸をしたまま、右手の前に左手の小指を置く。その状態から左斜め後ろにお尻を引く。二の腕、脇、体側にかけて伸びを感じながら30秒キープする。反対側も行う。余裕があれば左右2セットずつ行う。

目安時間：4分　目安回数：左右3～5回ずつ

背骨ツイスト

POINT
無理にひじは開かない。

POINT
腰を反らしすぎないように気をつけて。

POINT
ひざは閉じたまま。

STEP 1 肋骨からねじって、胸を開く

横向きになり、両ひざを直角に曲げ、頭から骨盤までが一直線になるようにセット。両ひじを曲げ、手を頭の後ろに置く。骨盤の位置を安定させた状態で肋骨をねじり、吸う息で胸を開き、余裕があれば目線は後ろに。吐く息で元のポジションに戻る。

STEP 2

腕を広げて、胸を開く

横向きになり、上にある脚を直角に曲げ、下の脚は伸ばす。ひざは床につけたまま手のひらを合わせて、吐いて吸う息で、胸の前で手を滑らせて胸を開いていく。広げた腕は床につけなくてもOK。ひざが浮かないように気をつけて。左右3〜5回ずつ行う。

目安時間：2分　目安回数：左右3〜5回ずつ

動画で
CHECK!

サイドストレッチ

POINT
正座から
お尻を下にずらす。

STEP 1

正座で体側を伸ばす

正座をして、腕を伸ばす。右手首を左手で持って、右にお尻を下ろす。吸う息で体を真横に倒して、体の伸びを感じる。

STEP

2

背中を丸め、起きて天井を見る

1の体を真横に倒した状態から、吐く息で左斜め前に手を下ろし、背中を丸める。吸う息で体を起こして、天井を見て体側の伸びを感じる。1～2の動きを左右3～5回ずつ行う。

目安時間：3分　目安回数：左右3〜5回ずつ

のびのびストレッチ

STEP 1

体側を伸ばしながら、背中を丸める

片ひざを立てて、もう片方の脚は伸ばす。肩の真下に手首を置いて、体を真横に倒す。吸って吐きながら背中を丸めて、床に小指が触れるまで、腕を斜め前に下ろす。このポジションでセット。

POINT
腰に負担がかかり
やすいので、 無理の
ない範囲で行う。

STEP

2 体側を伸ばしながら、胸を開く

1の状態から、手のひらと顔を天井に向けるように、胸の前側を開く。吐く息で背中を丸めて、床に小指が触れるまで、腕を斜め前に下ろす。この動きを手の平の向きに気をつけながら、左右3～5回ずつ繰り返す。

目安時間：20秒　目安回数：2〜3回

スワンストレッチ

動画で CHECK!

POINT
ひじで
床を押す。
POINT
おへそを
床から離す。

STEP 1

うつ伏せのポーズで背中を反らす

脚は骨盤幅、肩の真下にひじ、手のひらを広げて、うつ伏せになる。おへそは少し床から離す。背中を反らしていく。2〜3回を目安に行う。自然な呼吸でOK。

郵便はがき

料金受取人払郵便

新宿北局承認

9134

差出有効期間
2025年3月
31日まで
切手を貼らずに
お出しください。

169-8790

174

東京都新宿区
北新宿2-21-1
新宿フロントタワー29F

サンマーク出版愛読者係行

ご住所	〒 都道府県	
フリガナ		☎
お名前		(　　　)
電子メールアドレス		

ご記入されたご住所、お名前、メールアドレスなどは企画の参考、企画用アンケートの依頼、および商品情報の案内の目的にのみ使用するもので、他の目的では使用いたしません。
尚、下記をご希望の方には無料で郵送いたしますので、□欄に✓印を記入し投函して下さい。
□サンマーク出版発行図書目録

1 お買い求めいただいた本の名。

2 本書をお読みになった感想。

3 お買い求めになった書店名。

市・区・郡　　　　　町・村　　　　　書店

4 本書をお買い求めになった動機は?

・書店で見て　　　　・人にすすめられて
・新聞広告を見て(朝日・読売・毎日・日経・その他＝　　　　)
・雑誌広告を見て(掲載誌＝　　　　)
・その他(　　　　)

ご購読ありがとうございます。今後の出版物の参考とさせていただきますので、上記のアンケートにお答えください。**抽選で毎月10名の方に図書カード (1000円分) をお送りします。** なお、ご記入いただいた個人情報以外のデータは編集資料の他、広告に使用させていただく場合がございます。

5 下記、ご記入お願いします。

ご職業	1 会社員(業種　　　)	2 自営業(業種　　　)
	3 公務員(職種　　　)	4 学生(中・高・高専・大・専門・院)
	5 主婦	6 その他(　　　)
性別	男　・　女	年齢　　　　歳

ホームページ　http://www.sunmark.co.jp　　ご協力ありがとうございました。

現象が一変する「量子力学的」パラレルワールドの法則

村松大輔 著

「周波数帯」が変われば、現れる「人・物・事」が変わる。これまでSFだけの話だと思われていた並行世界(パラレルワールド)は実は「すぐそこ」にあり、いつでも繋がれる！理論と実践法を説くこれまでにない一冊！

定価＝1540円（10%税込）978-4-7631-4007-4

生き方

稲盛和夫 著

大きな夢をかなえ、たしかな人生を歩むために一番大切なのは、人間として正しい生き方をすること。二つの世界的大企業・京セラとKDDIを創業した当代随一の経営者がすべての人に贈る、渾身の人生哲学！

定価＝1870円（10%税込）978-4-7631-9543-2

100年足腰

巽 一郎 著

世界が注目するひざのスーパードクターが1万人の足腰を見てわかった死ぬまで歩けるからだの使い方。手術しかないとあきらめた患者の多くを切らずに治した！
テレビ、YouTubeでも話題！10万部突破！

定価＝1430円（10%税込）978-4-7631-3796-8

子ストアほかで購読できます。

一生頭がよくなり続ける すごい脳の使い方

加藤俊徳 著

学び直したい大人必読！大人には大人にあった勉強法がある。脳科学に基づく大人の脳の使い方を紹介。一生頭がよくなり続けるすごい脳が手に入ります！

定価＝1540円（10%税込） 978-4-7631-3984-9

やさしさを忘れぬうちに

川口俊和 著

過去に戻れる不思議な喫茶店フニクリフニクラで起こった心温まる四つの奇跡。
ハリウッド映像化！世界320万部ベストセラーの『コーヒーが冷めないうちに』シリーズ第5巻。

定価＝1540円（10%税込） 978-4-7631-4039-5

血流ゼロトレ

堀江昭佳　石村友見 著

100万部シリーズ『ゼロトレ』と42万部シリーズ『血流がすべて解決する』の最強タッグ！
この本は「やせる」「健康になる」だけではありません。
弱った体と心を回復させます。
自分の「救い方」「癒し方」「変え方」「甘やかし方」教えます！

定価＝1540円（10%税込） 978-4-7631-3997-9

電子版はサンマーク出版直営

よけいなひと言を好かれるセリフに変える言いかえ図鑑

大野萌子 著

2万人にコミュニケーション指導をしたカウンセラーが教える「言い方」で損をしないための本。人間関係がぐんとスムーズになる「言葉のかけ方」を徹底解説！

(定価＝1540円（10%税込）978-4-7631-3801-9)

ぺんたと小春（こはる）のめんどいまちがいさがし

ペンギン飛行機製作所 製作

やってもやっても終わらない！
最強のヒマつぶしBOOK。
集中力、観察力が身につく、ムズたのしいまちがいさがしにチャレンジ！

(定価＝1210円（10%税込）978-4-7631-3859-0)

ゆすってごらん りんごの木

ニコ・シュテルンバウム 著　中村智子 訳

本をふって、まわして、こすって、息ふきかけて…。子どもといっしょに楽しめる「参加型絵本」の決定版！ドイツの超ロング＆ベストセラー絵本、日本上陸！

(定価＝1210円（10%税込）978-4-7631-3900-9)

＼ 余裕がある人はチャレンジ ／

STEP 2

腕を伸ばし、背中を反らす

余裕がある人は、腕を伸ばし、手のひらをしっかり床に置いて、おへそを床から浮かした状態で背中を反らしていく。恥骨（ちこつ）とみぞおちを遠ざけるようにして、お腹や胸の伸びを感じながら行う。自然な呼吸でOK。

肋骨リセット

制限を解除して、自由になめらかに動く美しい上半身に

目安時間
24分

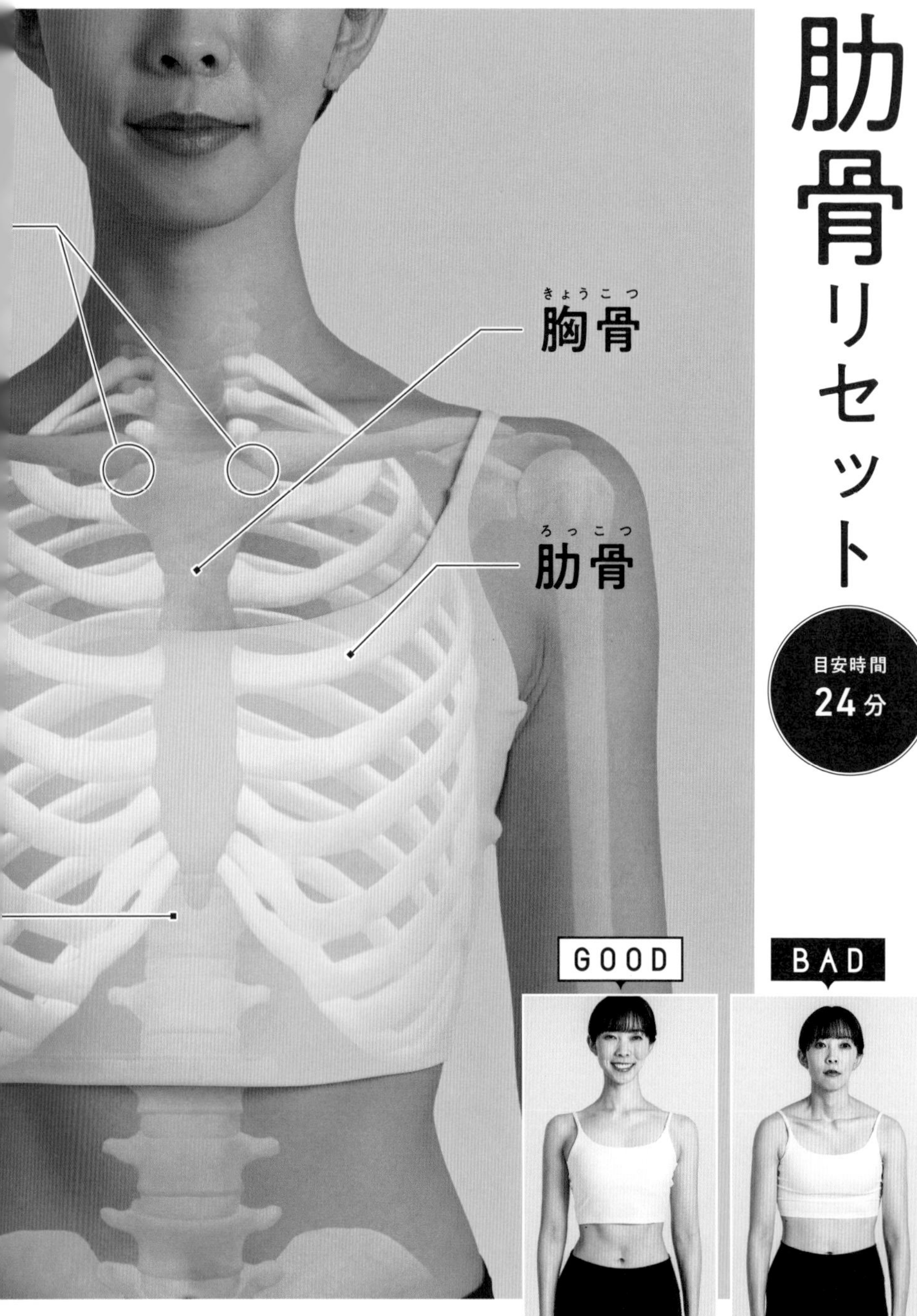

メリット **1** 肩や腕の負担が減り、上半身が動かしやすくなる

メリット **2** 下腹ぽっこりが解消、バストの位置もアップ

メリット **3** 臓器の負担が減り、呼吸の質も上がるので身体が楽になる

胸鎖関節

胸椎

12個の胸椎と左右12対の肋骨、真ん中にネクタイのような胸骨がある、この部分を胸郭といいます。

胸郭は重要な臓器を守るため、筒状の鳥かごみたいな形になっていて、この鳥かごのすぐ内側には呼吸の要である横隔膜がついています。

この筒が潰れたり、前や後ろに傾いたりして、肋骨がガチガチに固まった状態で制限がかかり、横隔膜の動きも鈍くなっている人が多いです。

横隔膜の動きが鈍くなると、呼吸が浅くなり、様々な体の不調を引き起こす原因にもなります。

肋骨と胸椎は運命共同体。

例えば、肋骨が固くなると、胸椎も固くなるようにお互いに影響されます。そうなると、首痛、腰痛、反り腰、猫背の原因にもなります。

鳥かごの筒を良い位置に戻して、スムーズに動かせるようになりましょう。

肋骨が本来の機能を取り戻すと「私の身体ってこんなに空気が入れられたんだ！」と驚くほど、背中まで使って息を吸ったり吐いたりできるようになります。

目安時間：1～2分　目安回数：3～5セット

動画で
CHECK!

肋骨丸めストレッチ

STEP 1

ひじを立てて、背筋を伸ばす

正座をし、手のひらを内側にして肩の真下にひじをセット。正座がつらい人はあぐらでもOK。背筋を伸ばす。

STEP

2

背中を丸め、10秒キープ

吸って吐く息で、ひじで床を押しながら背中を丸める。背中側に息を入れるイメージで呼吸し、10秒キープ。吸う息で背骨を一つ一つ動かして、背骨を伸ばし1の姿勢に戻る。1〜2の動きを3〜5セット繰り返す。

目安時間：3～4分　目安回数：4～6回ずつ

動画でCHECK!

胸椎カールストレッチ

・POINT・

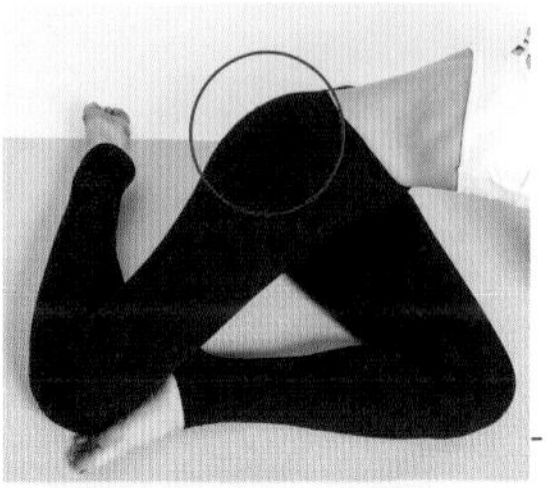

お尻、腰は床から浮いていてOK。

STEP 1

体をねじった状態で背中を丸める

左足の裏は右ひざの上あたりにくっつけ、左ひざが外に向いている方向に体をねじって倒し、手のひらを内側にして肩の真下にひじをセット。この状態から、吸って吐く息でひじで床を押して、胸を床から遠ざけ、背中を丸める。

POINT
最初はなかなか伸びないので、
できる範囲でOK。
慣れてくると少しずつ感覚が
つかめていくので続けてみて。

STEP 2

体をねじった状態で背中を伸ばす

吸う息で背骨を一つ一つ伸ばしていく。背中をできる範囲で伸ばしていきます。4～6回繰り返し、反対側も同様に行う。

目安時間：5分　目安回数：左右5～8回ずつ

胸郭（きょうかく）ツイスト

動画でCHECK!

・POINT・

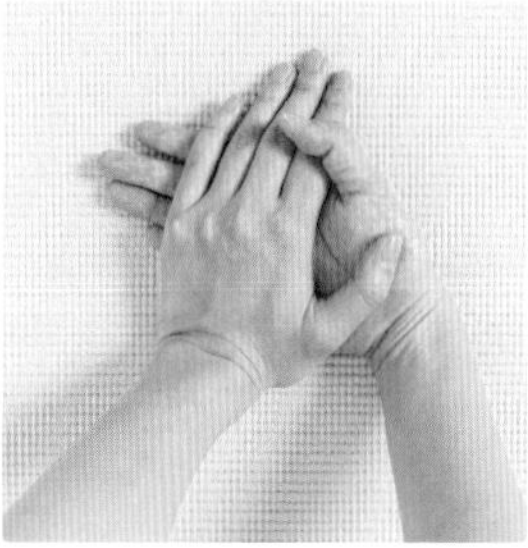

手首を痛めないように気をつけて。手首が痛い人は手を重ねるだけでOK。

STEP 1　ひじを伸ばしたまま、体を横に倒す

左脚を前にして脚をそれぞれ直角に曲げる。左側に体をねじって、左手の下に右手を差し込み、手のひらを合わせる。ひじはしっかり伸ばす。この状態で吸って吐く息で右の肩を床に近づけていく。吸う息で元の位置に戻す。左右5～8回繰り返す。

STEP 2 脚を伸ばして、体を横に倒す

余裕のある人は、1の状態から、直角に曲げていた左脚を伸ばして同じ動きをする。このとき、伸ばした脚のひざは軽く曲がっていてもOK。余裕があればかかとをしっかりと押し出す。左右5〜8回繰り返す。

目安時間：2分　目安回数：左右4～6回ずつ

動画でCHECK!

つなげる胸郭ツイスト

・POINT・

それぞれの脚が直角になるように曲げる。

POINT
手のひらで床を押す。

STEP 1 腕を上げて、胸を開く

左脚を前に出して、両脚をそれぞれ直角に曲げる。左手の指先を横に向けて、上の手から下の手首までが一直線になるように右手を上げる。下の手でしっかり床を押す。

別アングル
POINT
肩は床に
つけない。
POINT
手を通し、
ひじ下は伸ばす。
目線はまっすぐ。背中と腕、お尻の伸びを感じる。

STEP 2

体をねじり、腕を入れ込む

吐く息で下の左ひじを曲げながら、左腕の内側へ右手を通す。肩は床につけないようにする。吸う息で1に戻る。1～2の動きを左右4～6回繰り返す。

目安時間：3分　目安回数：左右5～8回ずつ

動画で CHECK!

体側ほぐし

・POINT・

それぞれの脚が直角になるようにひざを曲げる。

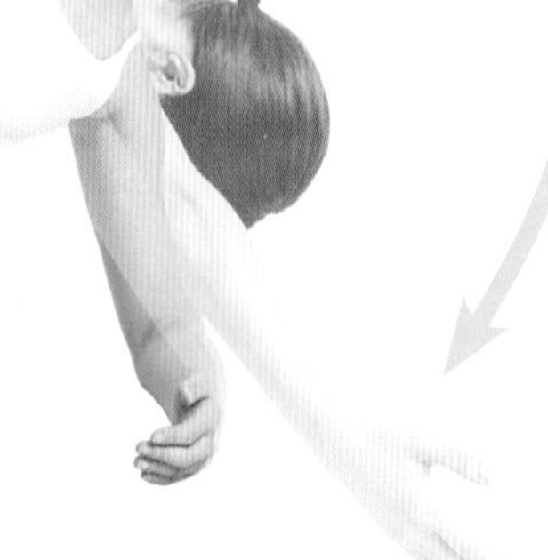

STEP 1

体側を伸ばしながら、背中を丸める

脚が直角になるようにひざを曲げ、肩の真下にひじをセットする。もう片方の腕を持ち上げて、体を横に倒す。吸って、吐く息で背中を丸めて、腕をななめ前へ下ろす。

STEP
2
体側を伸ばしながら、胸を開く

吸う息で手のひらを天井に向けて、胸の前を開く。この状態から顔も天井に向ける。1～2の動きを左右5～8回ずつ繰り返す。

目安時間：1分　目安回数：4～6回

肋骨起こし

イスでも
OK

STEP 1

あぐらで肋骨の下部分に手を添える

骨盤を立たせてあぐらで座る。骨盤が立ちにくい人はお尻の下にタオル（60ページ参照）を置いて高さを出して座ったり、椅子を利用する。肋骨の下部分に手を添える。

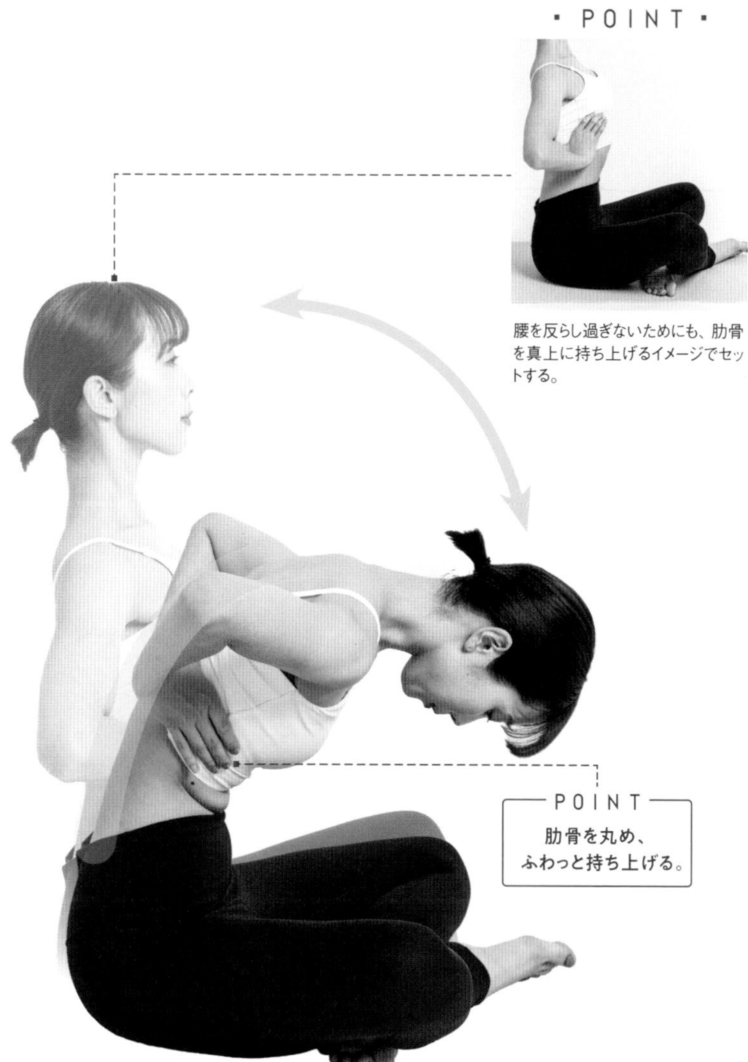

・POINT・
腰を反らし過ぎないためにも、肋骨を真上に持ち上げるイメージでセットする。
POINT
肋骨を丸め、
ふわっと持ち上げる。

STEP 2 背中を丸め、肋骨を持ち上げる

肋骨の下にバーがあるイメージを持ち、吸って吐く息でそのバーを乗り越えるように背中を丸める。このとき、骨盤は動かさないようにする。下から背骨を積み上げていくイメージで、吸う息で肋骨を持ち上げる。呼吸に合わせてこの動きを4〜6回繰り返す。

目安時間：2分　目安回数：左右5～8回ずつ

肋骨ツイスト

動画で CHECK!

別アングル

POINT
かかととお尻はつかなくてもOK。

POINT
ひじはずっと伸ばしたまま。

POINT
足指は立てると足裏ストレッチにもなる。

STEP 1

四つ這いでお尻を引き、片方の手を頭に添える

四つ這いになって、お尻を後ろに引いて、かかととお尻をくっつける（くっつかない人は四つ這いに近い状態でOK）。足の指は立てておき、足裏の伸びを感じる。指先は少し外に開いて、左手のひらを床に置き、右手は耳の後ろあたりに指を添える。

STEP

2

体を倒し、起こして胸を開く

吐く息で右ひじを左手首に近づける。吸う息で骨盤は安定させたまま、肋骨を上にねじって胸を開き、できる人は目線を天井に。1～2の動きを5～8回繰り返し、反対側も行う。

目安時間：1分　目安回数：1～2回ずつ

動画でCHECK!

背中反らし

STEP 1 腕を伸ばして四つ這いになる

脚は骨盤幅で四つ這いになる。腕を肩幅より少し広く開き、ひじを伸ばす。

POINT

反らすときに無理をすると、腰に負担がかかりすぎたり、首を痛めたりする原因に。自分のできる範囲でチャレンジしてみよう。

STEP 2

胸を床にそっと近づける

手のひらを内側にして小指を床につける。少しずつ胸の前を床に近づけるように背中を反らす。その状態で無理のないように10～20秒キープ。自然な呼吸でOK。

目安時間：4分　目安回数：5～8回ずつ

動画でCHECK!

コアアームス

・POINT・

腰は床にべったりくっつける

STEP 1

腰を床につけながら、腕を動かす

脚は骨盤幅に広げ、ひざを立てて仰向けになる。腰は床にべったりつけて、吸う息で腕を持ち上げ、吐く息で腕を元の位置に戻す。腕を持ち上げたときに腰が床から離れないようにする。5～8回繰り返す。

肋骨や腰を反らしすぎないようにする。

• POINT •

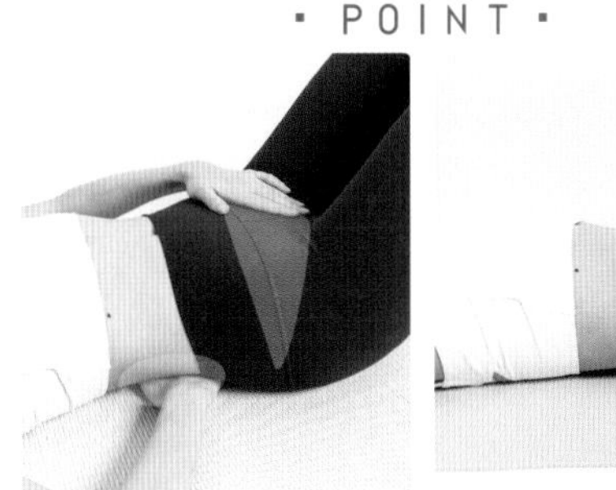

左右の腰骨と恥骨を結んだ三角の面が床と平行になるようにすると、腰に手のひら1枚分の空間が自然にできる。この状態でエクササイズをスタートさせる。

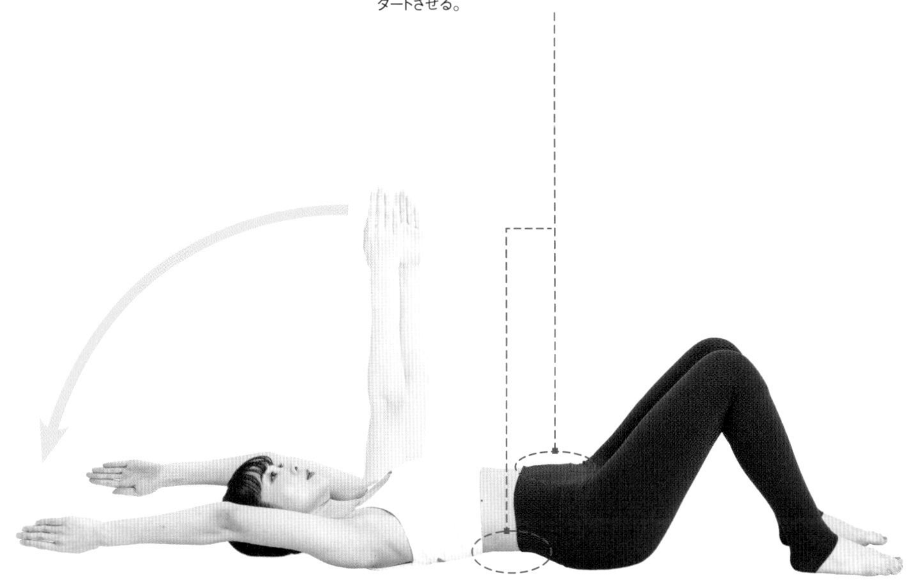

STEP

2

腰のカーブを保ちながら、腕を動かす

腰に少し空間が空いた状態で、1と同じように吸う息で腕を持ち上げ、吐く息で腕を元の位置に戻す。5〜8回繰り返す。

軽く、柔らかく、しなやかに動く上半身へ

肩甲骨×鎖骨リセット

目安時間
25分

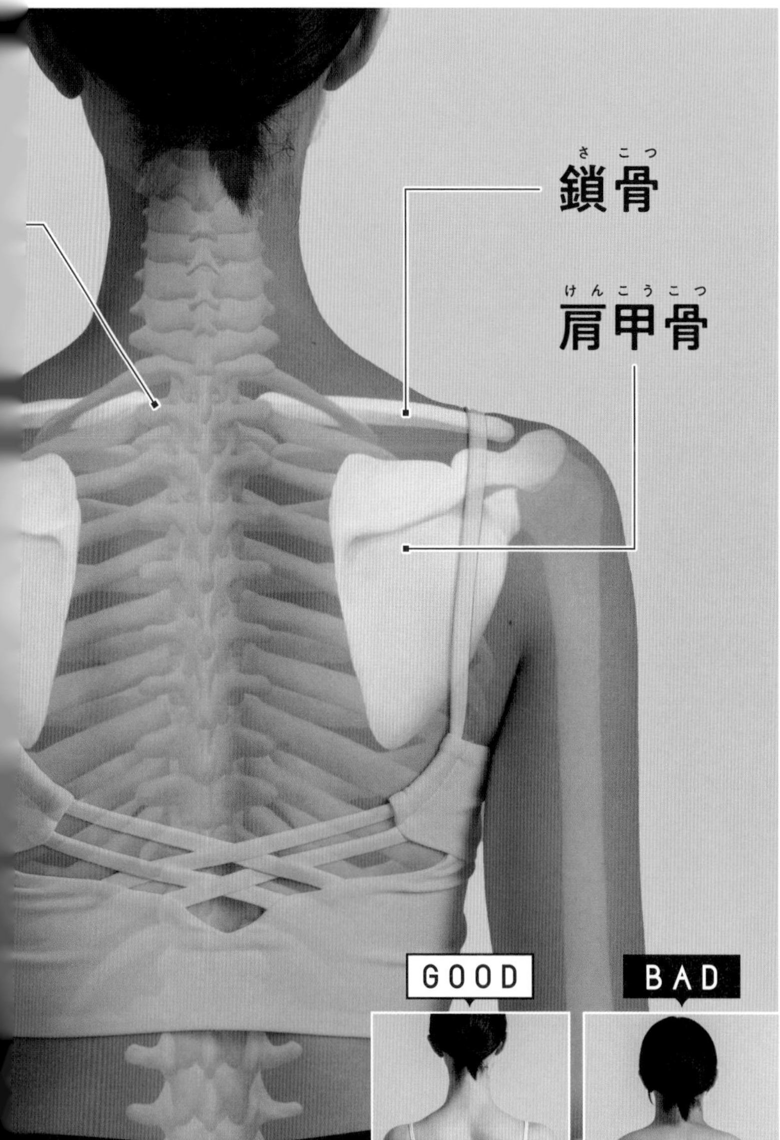

鎖骨（さこつ）

肩甲骨（けんこうこつ）

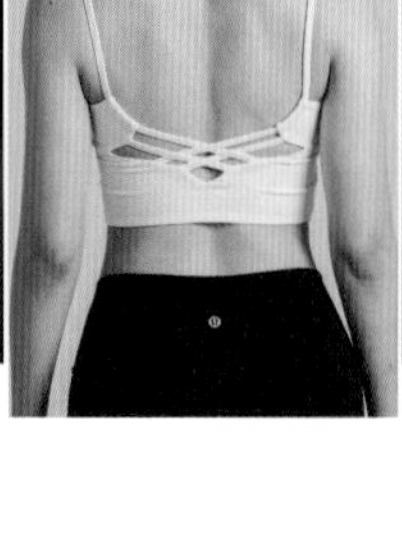

GOOD

BAD

［メリット］1 巻き肩・四十肩・五十肩・ぽっこり肩・バストの位置が改善

［メリット］2 首が長く見えるようになり、肩や首のコリも軽減

［メリット］3 デコルテラインも背中もスッキリ、理想のシルエットに

腕は、どこから始まっていると思いますか？　肩から腕が生えているのをイメージしている人が多いのではないでしょうか。

実際には、首の下あたりの鎖骨と胸骨で作られた胸鎖関節という関節があって、そこから腕を動かしていく意識が必要なのです。

鎖骨からが腕！と思いながらエクササイズをしてみてください。

肩甲骨は、肋骨の上に浮かんでいて、骨とは鎖骨としかつながっていません。なので、本来は「寄せる」「開く」「上・下・斜め上・斜め下に動く」など様々な動きができるのですが、周辺の筋肉がガチガチに固まっていると肩甲骨の動きに制限がかかり、巻き肩や首こり・肩こりの原因にも。

また、姿勢を良くするために肩甲骨を寄せようとする人が多いですが、肩甲骨を無理に寄せようとすると首が前に出たり、肩が上がってしまったりして、逆に姿勢が崩れてしまいがち。

無理に肩甲骨を寄せず、胸の開きを大切に、周りの筋肉をなめらかにして肩甲骨を安定させられるようにしていきましょう。

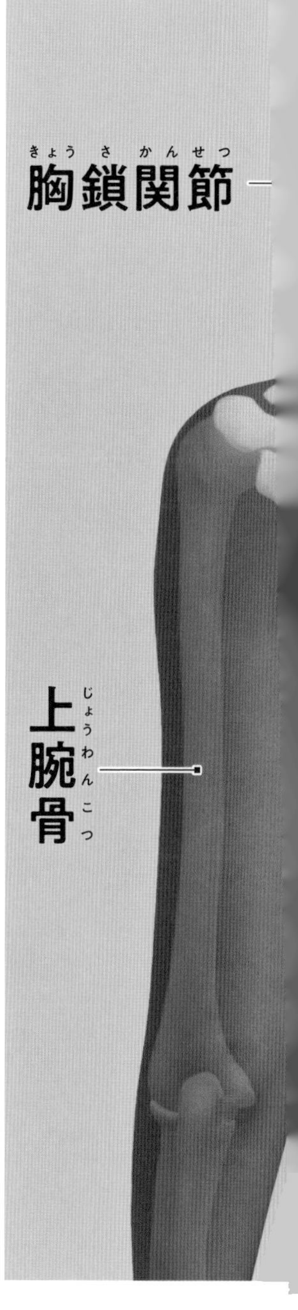

目安時間：2分　目安回数：8～10セット

肩甲骨ムーブ

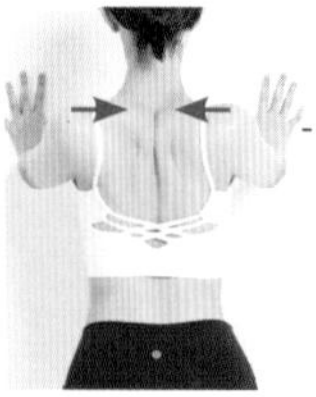

動画でCHECK!

寄せる

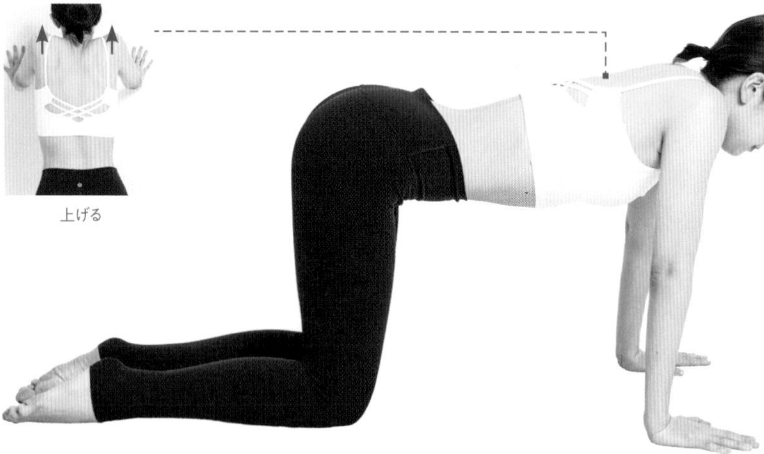

↓

上げる

伸ばす
ほぐす
安定させる
きたえる

STEP 1

四つ這いで肩甲骨を寄せて、上げる

脚は骨盤幅に開き、肩の真下に手首、手のひらは広げて四つ這いになる。肩甲骨を寄せて、肩と耳たぶを近づけるように肩甲骨を寄せ上げる。

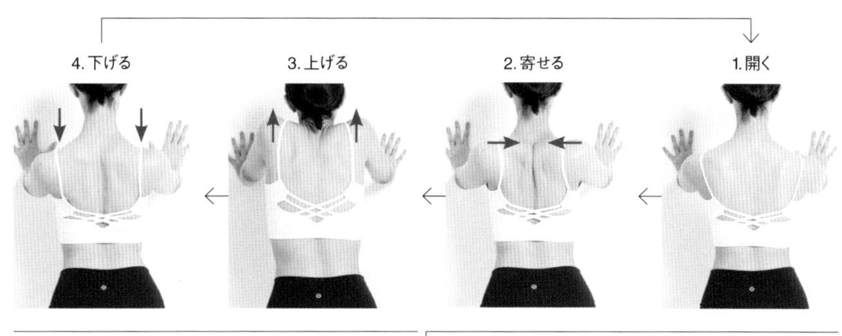

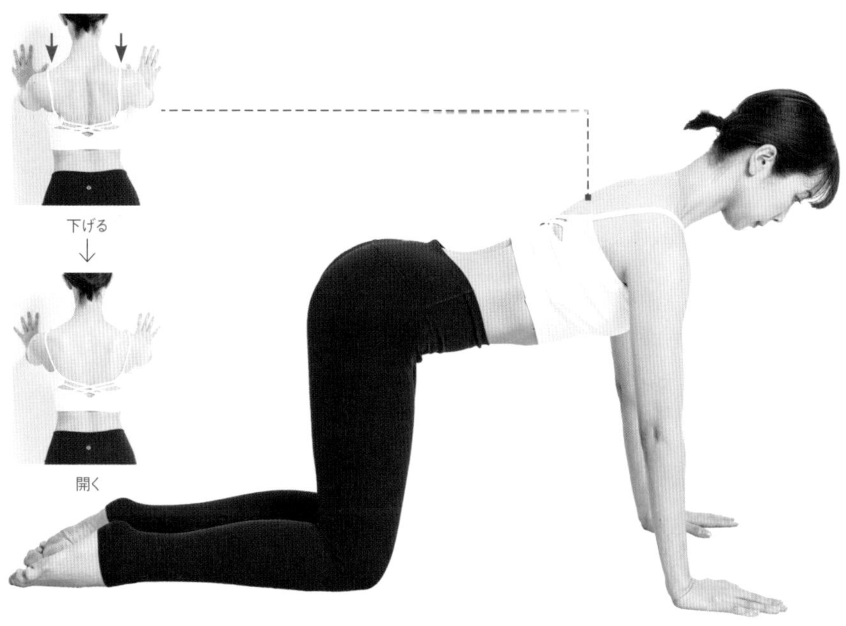

STEP

2

肩甲骨を下げて、開く

肩甲骨を上げた状態から、肩と耳たぶを遠ざけるように肩甲骨を下げる。手でしっかり床を押して、肩甲骨を広げる。自然な呼吸を続けながら、1～2の動きを1セットに8～10セット繰り返す。

目安時間：5分　目安回数：2～3セット

肩甲骨ストレッチ

立ってもOK

手の甲は腰のあたり、もしくは骨盤のあたりに添える。無理せず肩の負担にならない位置にセット。

POINT
背中を少し丸めて
ひじは前へ。

STEP 1 背中を丸め、ひじを内側に倒す

骨盤が立つようにあぐらで座る（骨盤が立ちにくい人はタオルを置いたり、立った姿勢でもOK）。右手の手の甲を腰に添えて、吸って吐く息で背中を丸めながら、無理のない範囲でひじを内側に倒していく。この状態で20秒キープする。

・POINT・

鎖骨からが腕という意識で、鎖骨から腕を引いていく。

STEP 2

上体を起こし、ひじを後ろに引く

吸う息で上体を起こし、鎖骨を後ろに引いて、ひじも後ろに引いていく。胸の前の伸びを感じながら、10秒キープする。1～2の動きを1セットにして、2～3セット繰り返し、反対側も行う。

目安時間：1～2分　目安回数：8～10セット

観音エクササイズ

動画で
CHECK!

POINT
ひじをつけよう。
つけられない人はできる範囲でやってみて。

立ってもOK

伸ばす
ほぐす
安定させる
きたえる

STEP 1

手の甲を合わせて、ひじを伸ばす

骨盤が立つようにあぐらで座る（骨盤が立ちにくい人はタオルを置いたり、立った姿勢でもOK）。吐く息で手の甲を胸の前でくっつけ、吸う息で手の甲を合わせた状態で腕を上に持ち上げる。このときに胸の前でひじがつくように。その後、自然とひじは離れていく。

STEP 2

腕を背中側に寄せて下ろす

1の状態から、手のひらを外側に返して、ひじを伸ばす。親指を少し後ろ側にひねりながら、ひじを曲げ、腕を背中側に寄せながら下ろしていく。1〜2の動きを1セットにして、8〜10セット繰り返す。

目安時間：2分　目安回数：5～8セット

ねじりエクササイズ

内ねじり

外ねじり

立ってもOK

STEP 1

腕を伸ばして、ねじる

骨盤が立つようにあぐらで座る（骨盤が立ちにくい人はタオルを置いたり、立った姿勢でもOK）。吸う息で腕を横に伸ばし、手のひらを下に向けて腕を内ねじり。そこから手のひらを天井に向けるように腕を外にねじる。

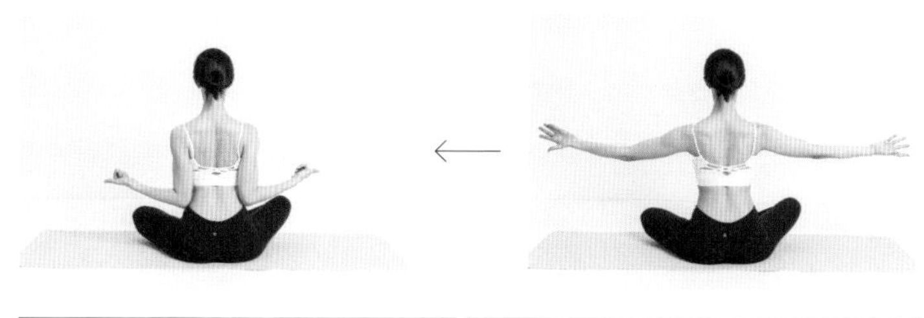

STEP

2

ひじを背中に寄せる

ゆっくり息を吸いながら、ひじを曲げつつ、小指から人差し指にかけて軽く握り、ひじを背中側に寄せて、ここで息を吐く。指は自然と親指だけが立って、外側に向いている形になる。1～2の動きを1セットにして、5～8セット繰り返す。

目安時間：1～2分　目安回数：8～10セット

動画で CHECK!

肩甲骨アップダウン

STEP 1

指先を横に向けて、ひざを立てて準備

脚は骨盤幅に広げて、ひざを立てて準備する。手の指先は外側に向け、ひじは伸ばす。手の幅は肩幅より少し広い位置にセット。この状態で、吐く息で、腕に体重を乗せて肩と耳を近づける。

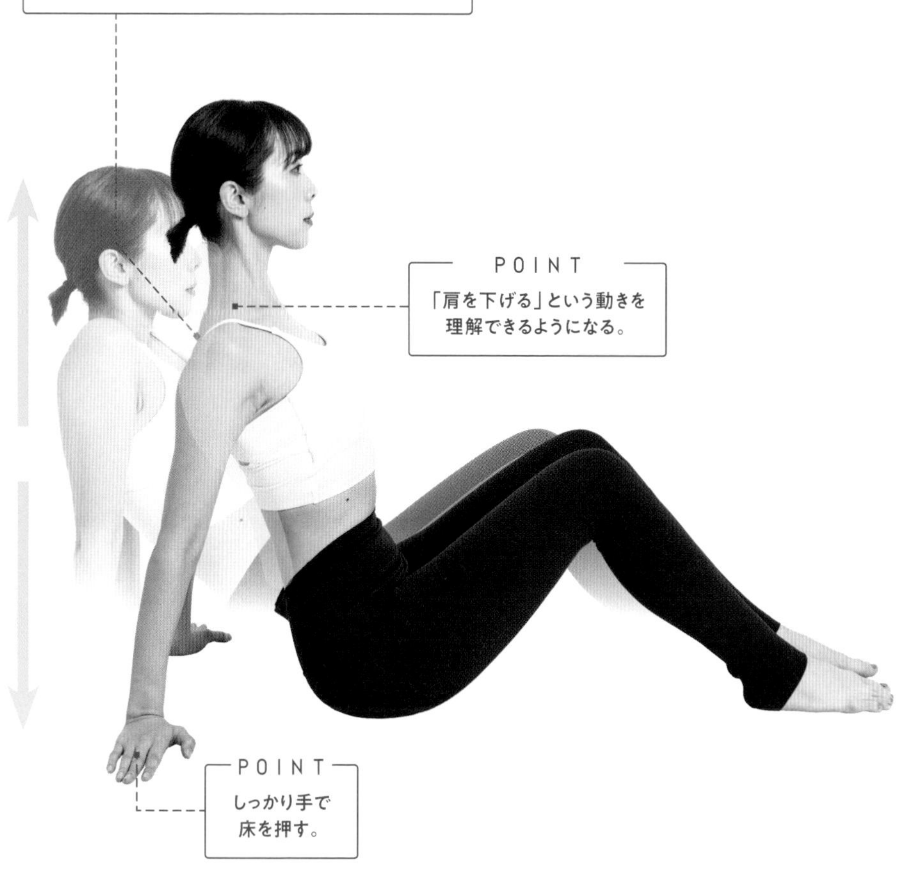

POINT
無理に肩甲骨を寄せると頭が前に出て、ポジションが崩れる原因に。無理に寄せずに胸の前の開きを感じて。
POINT
「肩を下げる」という動きを理解できるようになる。
POINT
しっかり手で床を押す。

STEP 2 手で床を押し、肩甲骨を下げる

吸う息で手でしっかり床を押して、ひじは伸ばしたまま、肩と耳の位置を遠ざける。肩を上げたり下げたりという骨の動きの感覚の理解が深まる。
1〜2の動きを1セットにして、8〜10セット繰り返す。

目安時間：5分　目安回数：2～3セット

インナーマッスルエクササイズ

動画でCHECK!

立ってもOK

手のひら内向き

POINT
ひじは体側につける。

STEP 1 手のひらを内側にして、ひじ下を開いて閉じる

骨盤が立つようにあぐらで座る（骨盤が立ちにくい人はタオルを置いたり、立った姿勢でもOK）。手のひらを内側にして、ひじを体側につける。そのまま吸う息でひじ下を広げて、吐く息で戻す。この動きを10回繰り返す。

STEP

2

手のひら上、手のひら下で、ひじ下を開いて閉じる

手のひらを上に向けた状態で、1と同じように吸う息でひじ下を広げて、吐く息で戻す。これを10回繰り返す。最後は手のひらを下にして、吸う息でひじ下を広げて、吐く息で戻す。これを10回繰り返す。1～2を1セットにして、2～3セット繰り返す。

目安時間：5分　目安回数：4〜6セット

脇の下スイッチオン

動画で CHECK!

POINT
自由度の高い肩関節を安定させていくためのエクササイズ。
脇の下を使っている感覚を覚えよう。

STEP 1 脇の下に手を添えて、肩に重心を乗せる

左脚を前にして、脚を直角に曲げる。左肩の真下にひじ、ひじから先を斜め45度にセット。この状態から脇の下に右手を添えて左肩にドーンと重心を乗せ、最初のポジションに戻る。この動きを3〜5回繰り返す。自然な呼吸でOK。肩に負担がかかりやすいので、無理のない範囲で行う。

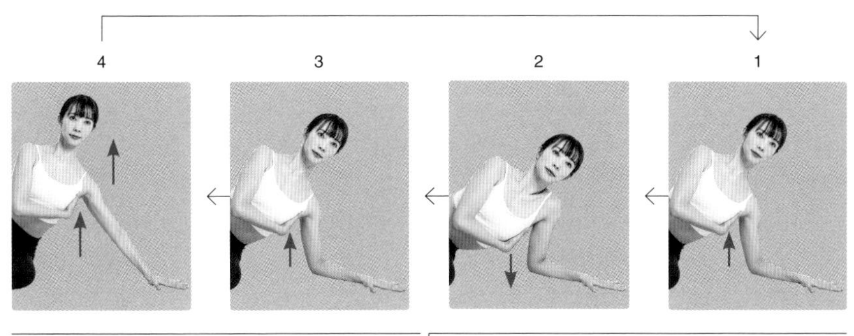
4
3
2
1

POINT
手のひらを
しっかり開く。

STEP 2

脇の下を持ち上げて、ひじを伸ばす

脇の下を持ち上げ、手のひらで床を押して、曲げていたひじをしっかり伸ばす。伸ばしたら脇の下を持ち上げたまま、1のひじを曲げて床につけるポジションに戻る。1～2の動きを1セットにして、4～6セット繰り返す。反対側も行う。自然な呼吸でOK。

目安時間：1～2分　目安回数：10～20セット

うつ伏せインナーマッスル

・POINT・

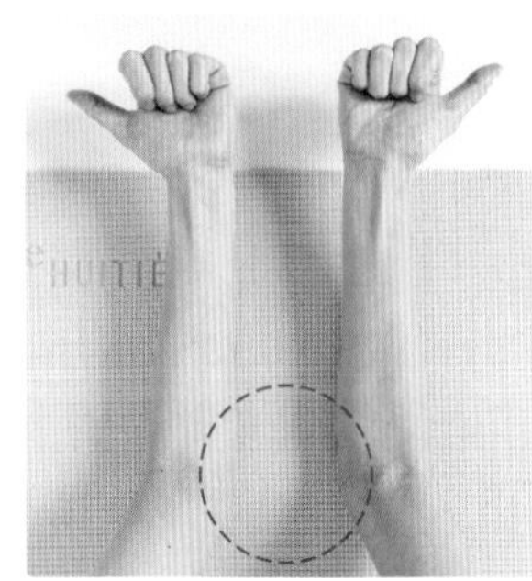

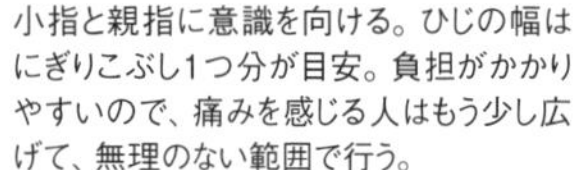
小指と親指に意識を向ける。ひじの幅はにぎりこぶし1つ分が目安。負担がかかりやすいので、痛みを感じる人はもう少し広げて、無理のない範囲で行う。

STEP 1 うつ伏せで、親指を外に向ける

脚を骨盤幅に広げて、うつ伏せになる。ひじは握りこぶし1つ分くらいの幅で床につける。指は軽く握って、親指を立て、外側に向ける。

・POINT・
POINT
肩甲骨のあたりが
効いているのを感じよう。

外側に無理に開きすぎると肩を痛めるので、出来る範囲で開いて寄せてを繰り返す。

STEP 2 ひじ下を外側⇆内側に動かす

1の状態から、吸う息でひじ下を外側に開く。吐く息で手のこぶしの内側がくっつくまで寄せる。1～2の動きを1セットにして、10～20セット繰り返す。

目安時間：1～2分　目安回数：8～10回

動画でCHECK!

寝ながら肩甲骨

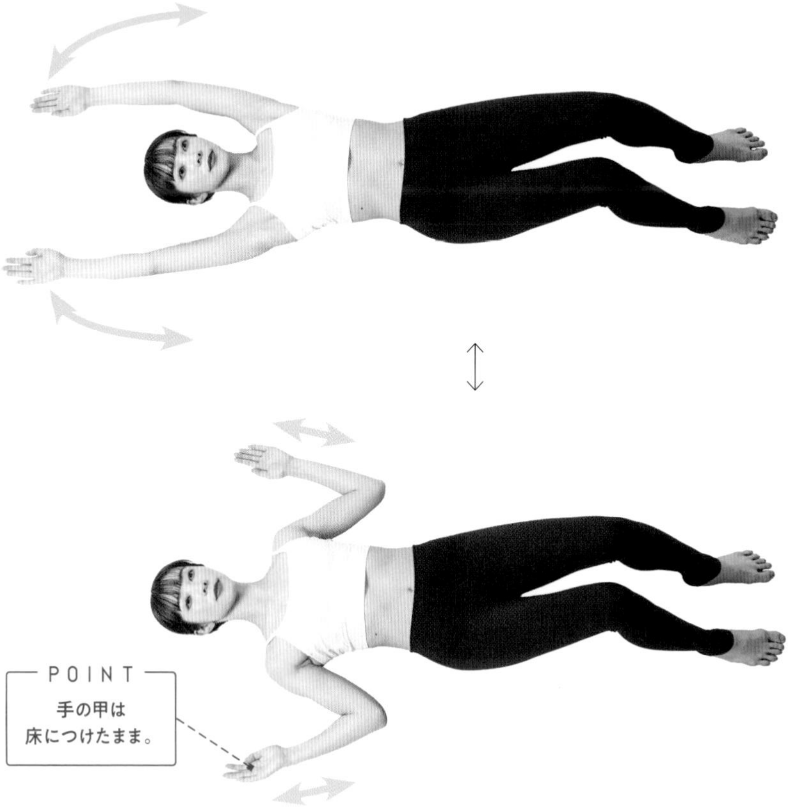

POINT
手の甲は床につけたまま。

STEP 1

ひじを曲げて「W」の形にする

仰向けで寝て、ひざを立てて、脚は骨盤幅に開く。腕をバンザイして、手の甲を床につける。この状態で、できるだけひじも床につけた状態のまま、腕をアルファベットの「W」の形になるように曲げていく。吸う息でバンザイのポジションに腕を伸ばしていく。この動きを8～10回繰り返す。

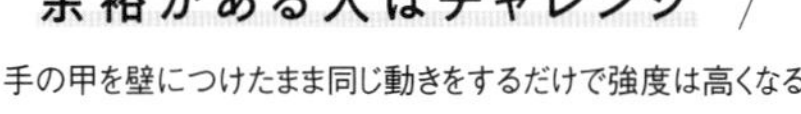

手の甲を壁につけたまま同じ動きをするだけで強度は高くなる。

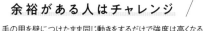

・POINT・

手の甲、頭の後ろ、背面、ひじもしっかり壁につける。

NG

骨盤が立たず、後傾していたり、腰が丸くなっていたりするのはNG。

STEP 2

壁に体の背面をつけて「W」の形にする

骨盤が立つようにあぐらで座る（骨盤が立ちにくい人はタオルを置いたり、立った姿勢でもOK）。このとき、手の甲、頭の後ろ、背面、ひじもしっかり壁につけた状態で1と同じ動きをする。8〜10回繰り返す。肩に痛みを感じた人は、無理に行わないでください。

骨盤リセット

体の中心にある土台を整え、良い姿勢に導く

目安時間
8分

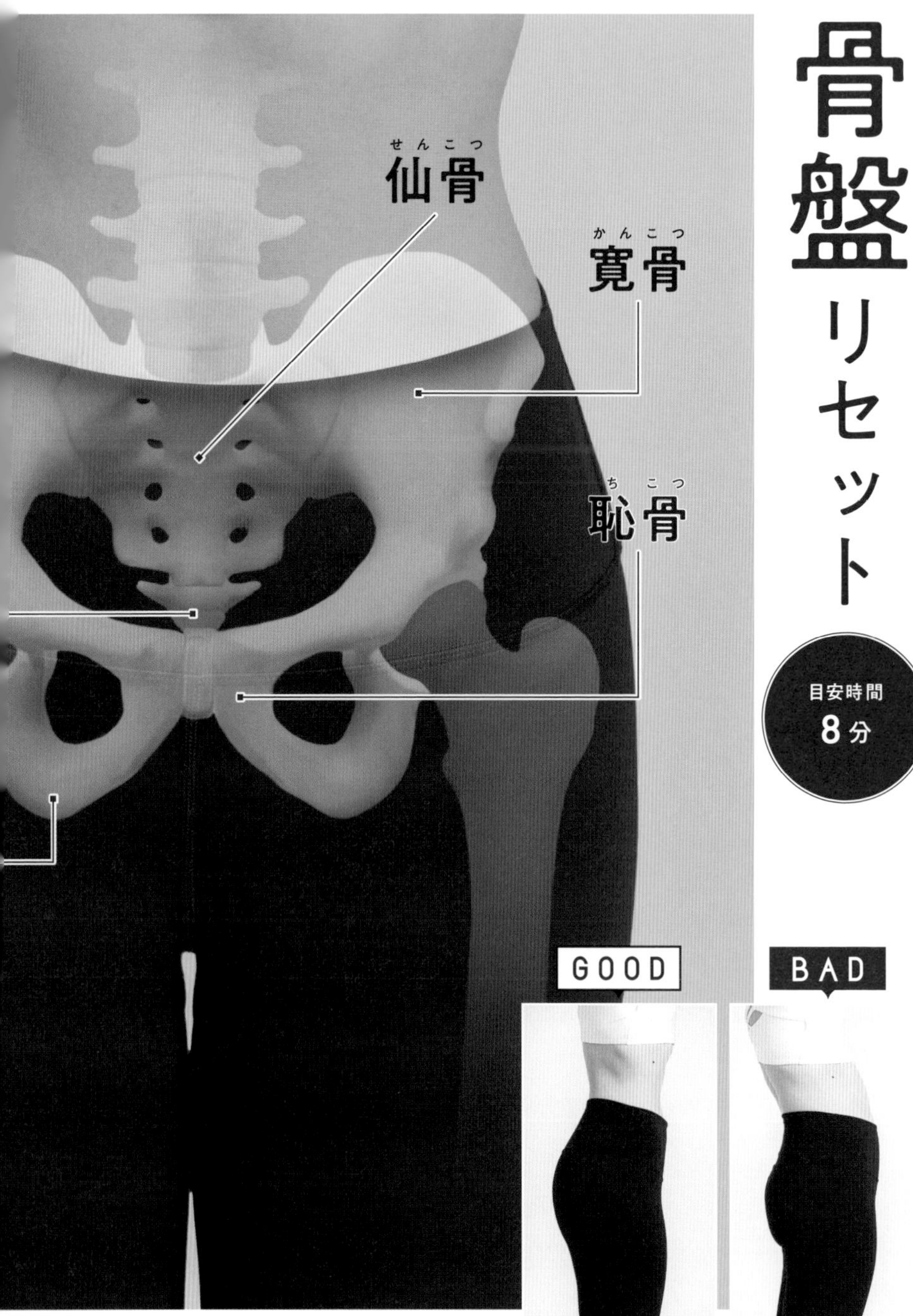

[メリット] 1 むくみが改善して、お腹周りがスッキリする

[メリット] 2 垂れ尻、四角い尻が解消! 丸い美尻が作れる

[メリット] 3 姿勢が改善、全身のバランスが良くなる

尾骨(びこつ)

坐骨(ざこつ)

骨盤は仙骨、寛骨(かんこつ)、尾骨で構成されていて、上半身と下半身のつなぎ目に位置しています。仙骨は、背骨の付け根にあり、上半身の重みを両足へ分散させ、上半身の土台の役割にもなっています。

骨盤の位置が崩れると、その上に乗っている上半身も崩れてしまうので、骨盤をリセットすることはとても重要です!

様々な座りエクササイズで「骨盤を立たせましょう」というフレーズを耳にしますが、それがどんな状態なのかがわからず、困っている人が多いと思います。

骨盤を立てて座るには、坐骨の少し前に体重を乗せて骨盤が立っているのをイメージしましょう。

しっかり骨盤を立たせることが大切。立ち姿勢のとき、骨盤が前や後ろに傾きすぎて、そのままガチガチに固まっている人も多いです。それがストレートネックや猫背の原因になることも。

骨盤を後傾、前傾、前後に動かすことが上手にできるようになると、その人に合った位置で骨盤を安定させることができます。

目安時間：5分　目安回数：10回ずつ

骨盤ムーブ

動画でCHECK!

STEP 1

骨盤を後ろ⇆前に倒す

ひざを骨盤より広く開き、足先は外に向け、肩の真下にひじをセットして、四つ這いになる。吸って吐く息で骨盤を後傾させて背中を丸める。吸う息で、骨盤を前に倒して背中を伸ばす。この動きを10回繰り返す。背骨と骨盤と股関節のつながりを意識して行う。

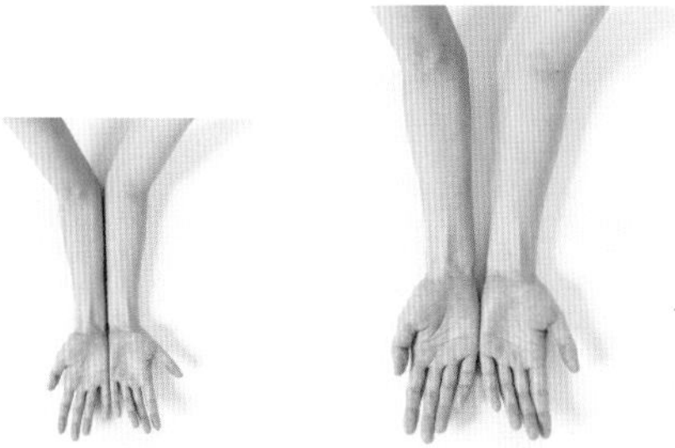

肩に負担がかかりやすいので、ひじは開いた状態でOK。余裕がある人は強度が高まるので、ひじをぴったりくっつける。

POINT
ひじは無理に閉じなくてもOK！

STEP 2

お尻を後ろに引く

ひざを骨盤より広く開き、足先は外に向け、胸の中央の下あたりまで両ひじを寄せて（余裕がある人はひじをぴったりくっつける）、四つ這いになる。吸って吐く息でお尻を後ろに引く。吸う息で元の位置に戻す。この動きを10回繰り返す。

目安時間：3分　目安回数：6~8回

仙骨しめ

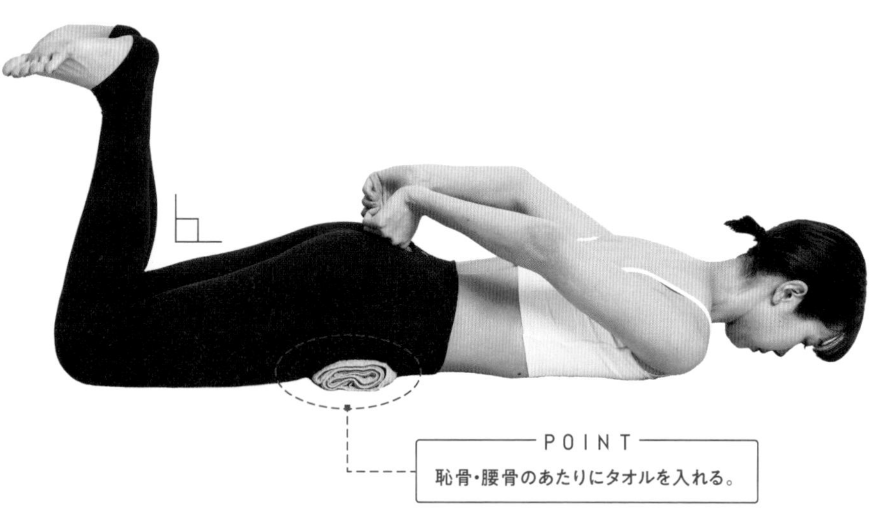

POINT
恥骨・腰骨のあたりにタオルを入れる。

STEP 1

仙骨に親指を添える

脚は骨盤幅に広げ、かかとを押し出し、ひざを直角に曲げて、うつ伏せになる。恥骨と腰骨のあたりにタオルを重ねたものを入れるのがおすすめ。仙骨の部分に両親指を置く。

仙骨はココ!

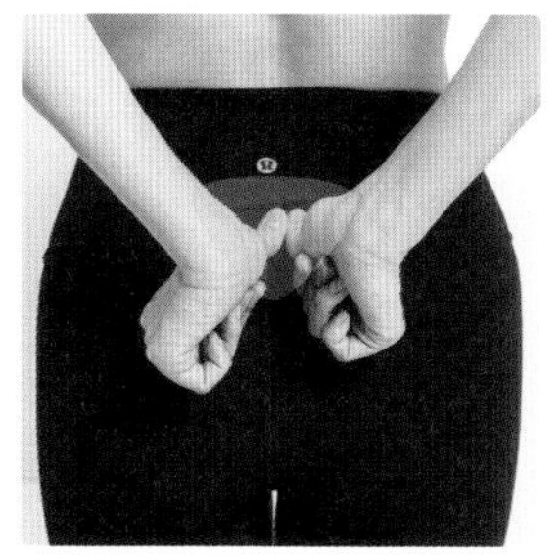

尾骨に中指を当てたときに手のひら
が当たる部分がだいたい仙骨の場所。

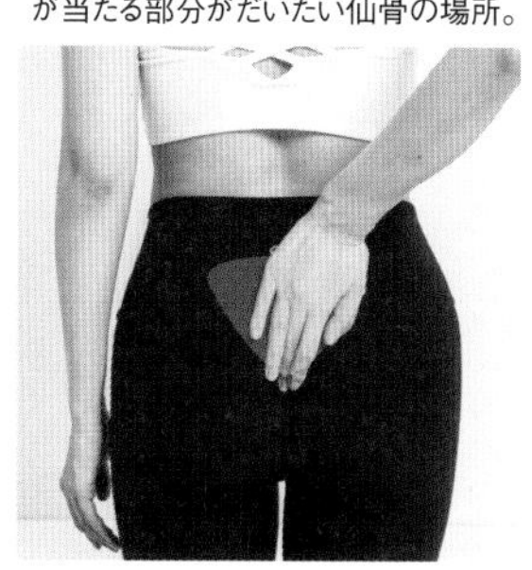

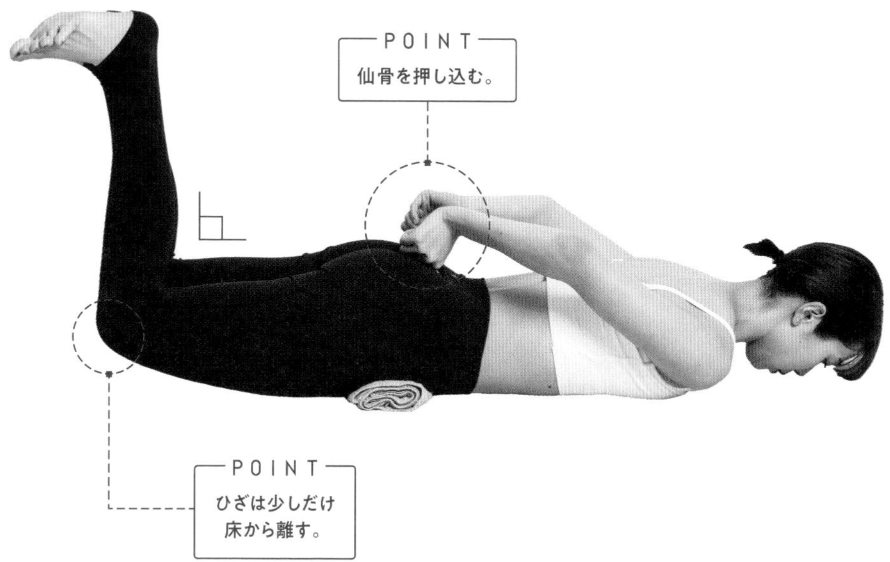
POINT
仙骨を押し込む。
POINT
ひざは少しだけ
床から離す。

STEP

2

親指で仙骨を押し込む

吸って吐く息で親指で仙骨を中に押し込む。押し込むことで、ひざがふわっと持ち上がるので、吸う息でゆっくり脚を下ろす。このとき、ひざは無理に高く上げなくてOK。床から少しひざが浮く程度で大丈夫。1～2の動きを6～8回繰り返す。

お尻と太ももの筋肉が硬い人は要注意！　全身のシルエットを左右する要

股関節リセット

目安時間
11分

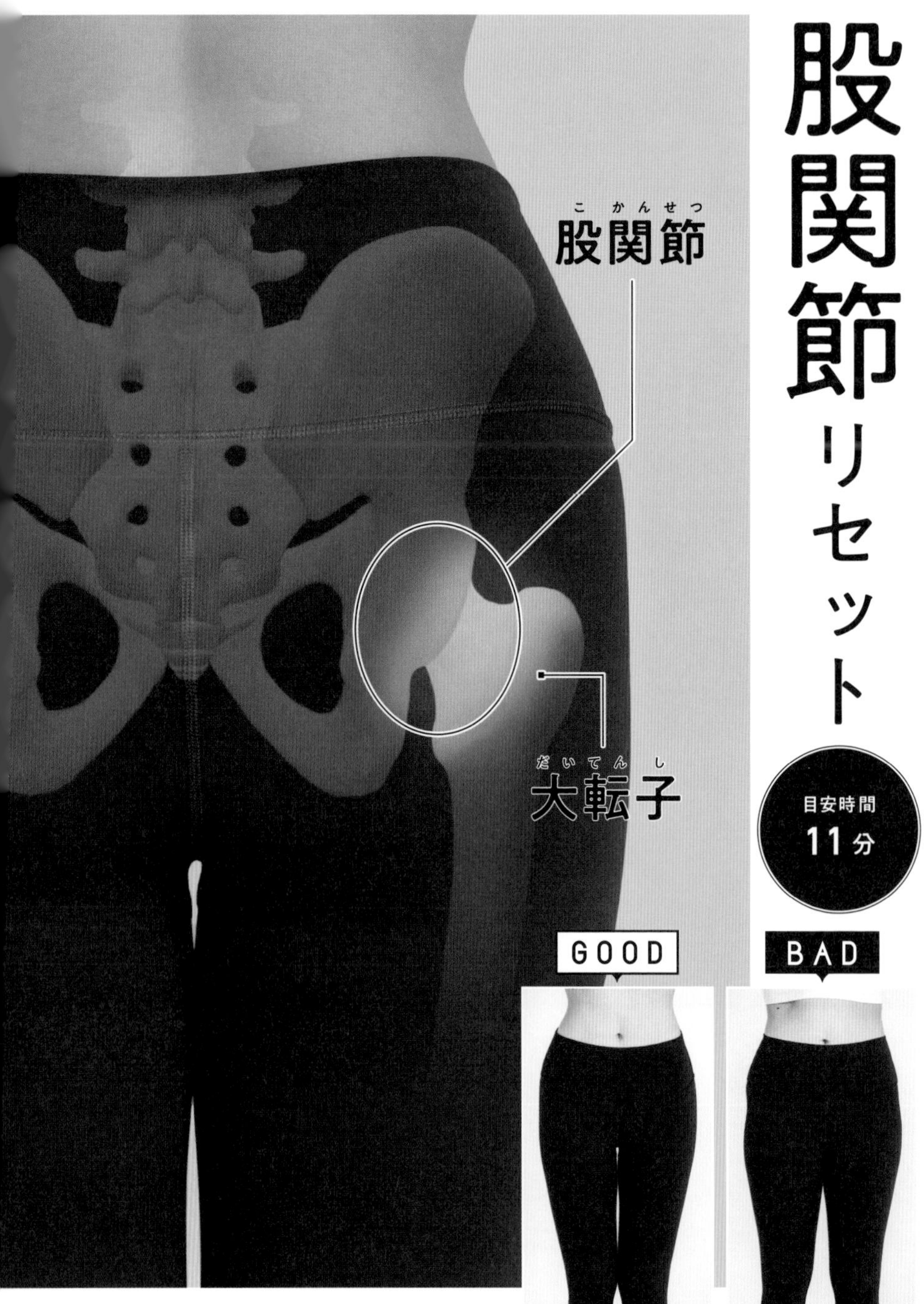

メリット 1
猫背・反り腰などの姿勢改善。腰痛予防にも!

メリット 2
前もも・ふくらはぎの張りがなくなり、スッキリ美脚に

メリット 3
上半身も下半身も理想のシルエットに変化する

股関節は体重を支え、立つ、座る、歩くなど全ての動きに重要な役割をしていて、腸腰筋（ちょうようきん）や内転筋（ないてんきん）など20以上の大切な筋肉に支えられています。

機能的には、股関節は球関節で自由度が高く、大きく6つの方向に動きます。しかし、日常生活では一動作で6つの方向、全てを使うということはほとんどありません。動かさないのでどんどん硬く、機能も鈍くなって、腰椎などの他の骨や筋肉に負担をかけることになります。

その結果、前ももやふくらはぎが張り、〝がたいのいい脚〟を作る原因に。また、X脚やO脚など脚の形にも影響し、歩く、座るなどの日常生活にも支障が出てきます。

股関節は想像しているより、身体のだいぶ中心にあります。**エクササイズのときはもちろん、普段から脚を動かすときに身体の中心から動かすことを心がけましょう。**

股関節が崩れると上半身も崩れてしまいます。キレイな上半身と下半身を作るために普段は動かさない方向にも股関節を動かしていきましょう。

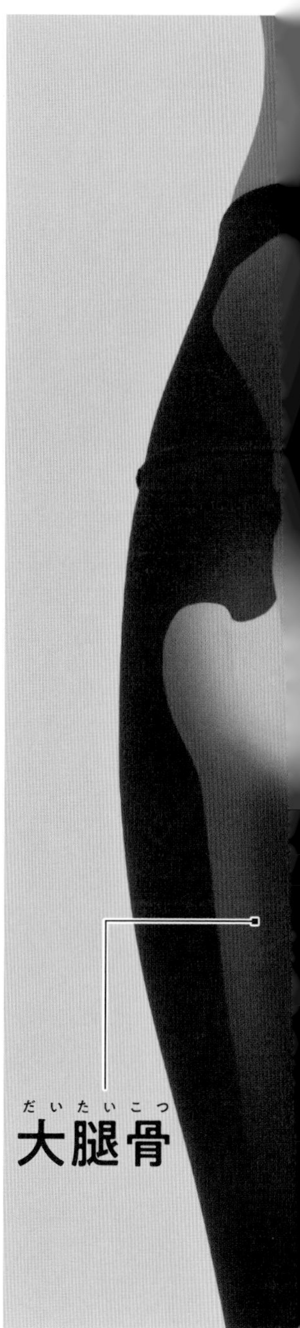

目安時間：2～3分　目安回数：左右1回ずつ

お尻ストレッチ

別アングル

ひざから足首までが真横に一直線になるようなイメージ。痛みを感じる人は無理に真横にしなくてOK。

STEP 1

片脚を伸ばし、お尻を伸ばす

四つ這いになって、両脚をぴったり閉じておく。両ひざ下を右に移動させ、この状態から右脚を後ろに引いて伸ばし、左ひざ下を床につける。両ひじ下も床につける。30秒キープ。反対の向きも行う。自然な呼吸でOK。

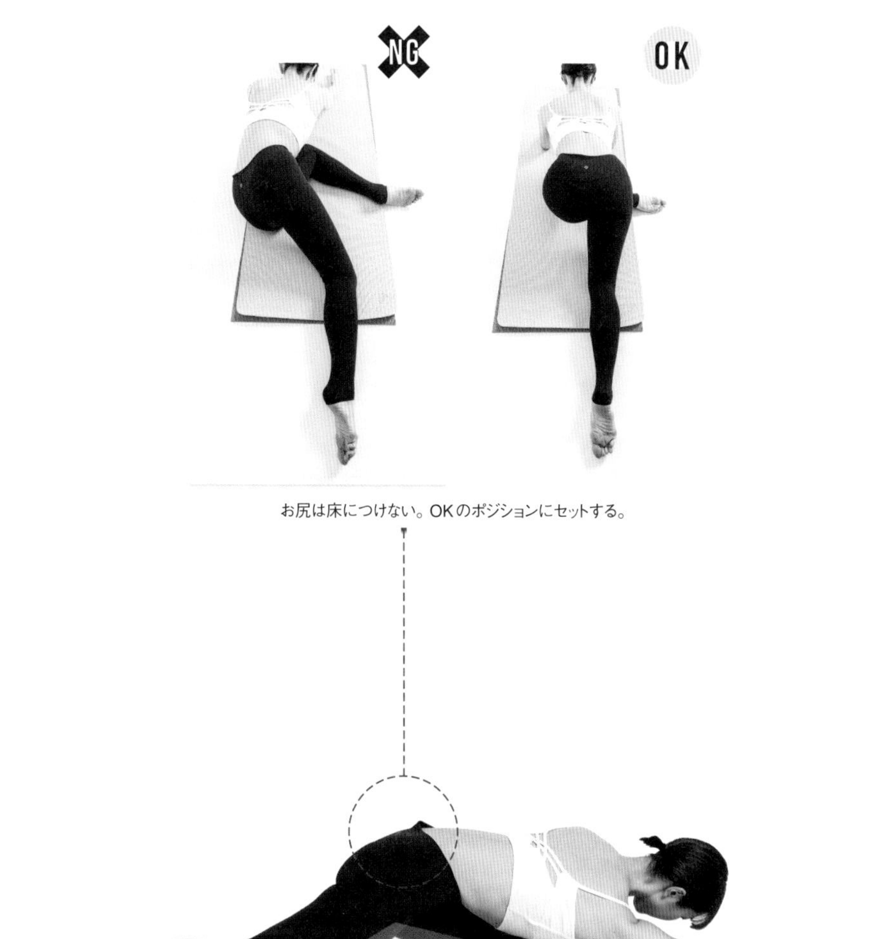

お尻は床につけない。OKのポジションにセットする。

STEP 2 腕も伸ばして、伸びを深める

余裕がある人は1のポジションから右腕を伸ばす。お尻が床についてしまうと伸びの効果が得られないので、左のお尻は常に浮いたまま。30秒キープ。反対側も行う。自然な呼吸でOK。

目安時間：2分　目安回数：左右1回ずつ

前ももストレッチ

POINT
お尻に
ぎゅっと力を入れる。

POINT
前ももの伸びを
感じる。

POINT
足裏を押し出す。

STEP 1

骨盤を前に押し出し30秒キープ

左脚を前に出し、ひざを立てて、折りたたんだタオルを右ひざの下におく。軽く腰を丸めて、右のお尻に力がぎゅっと入るのを確認する。その状態で骨盤を前に押し出す。右足の指を立てておくとバランスがとりやすく、前ももがさらに伸びる。30秒キープ。反対側も行う。

STEP 2

腕を持ち上げて、10秒以上キープ

余裕がある人は1のポジションから吸う息で両手を上へ持ち上げ、目線はななめ上天井へ。自然な呼吸を繰り返しながら、10～30秒キープ。反対側も行う。

目安時間：1分　目安回数：4〜6回

動画でCHECK!

もも裏ストレッチ

STEP 1

背中を伸ばしたまま足首を持つ

脚は骨盤より広く開いて、足首を持つ。このとき背中は伸ばしたまま。

・POINT・
股関節をしっかり折り曲げることを
意識し、背中を伸ばしたまま行う。
POINT
ひざは無理に
伸ばしきらない。
POINT
坐骨とかかとの
距離を遠ざける。

STEP 2

坐骨からお尻を持ち上げる

1のポジションから吸って吐く息で坐骨を天井に向ける意識でお尻を持ち上げる。ひざは伸ばしきらなくてOK。かかとは浮かないようにする。10秒キープしたら元の位置に戻る。1～2の動きを4～6回繰り返す。

目安時間：5分　目安回数：左右5回ずつ

曲げ伸ばしエクササイズ

動画で
CHECK!

お尻

前もも

裏もも

曲げ伸ばし

別アングル

写真のように鼠蹊部の位置に小指を添える。

POINT
背中は伸ばしたまま。

POINT
鼠蹊部を折り曲げるイメージ。

STEP 1

鼠蹊部（そけいぶ）に小指を添えて、股関節を折り曲げる

片脚を横に開いたまま、もう片方の脚でひざ立ちする。鼠蹊部に手の小指を当て、吐く息で手をはさむように上体を前に倒して股関節を折り曲げる。吸う息で鼠蹊部を伸ばし、元の位置に戻る。左右5回ずつ行う。

＼ 別アングル ／

股関節をしっかり折り曲げることを
意識し、背中を伸ばしたまま行う。
POINT
指先が床につくくらいに
腕を下に伸ばす。

STEP

2 腕を下に伸ばし、股関節を折り曲げる

片脚を横に開いたまま、もう片方の脚でひざ立ちする。腕を下に伸ばして、1と同じように股関節を折り曲げることを意識しながら、指先を床に近づける。吸う息でゆっくり元の位置に戻る。左右5回ずつ行う。

全身の調子を左右する土台をリセットし、心地いい身体を作る

距骨×足裏リセット

目安時間
27分

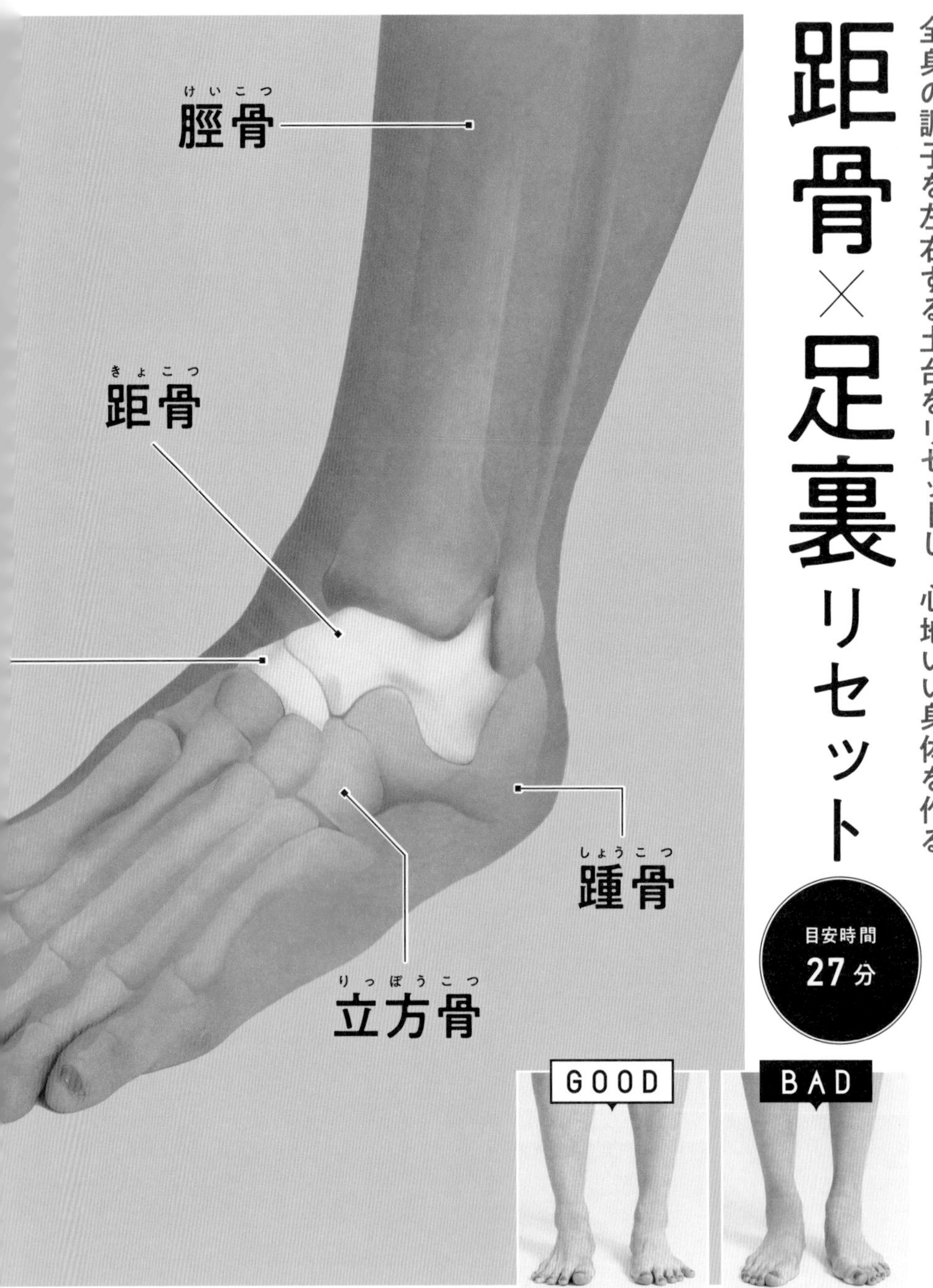

メリット 1 ふくらはぎの張りがとれ、脚のラインがスッキリ美しくなる

メリット 2 血流が良くなり、足がむくみづらくなる

メリット 3 重心のバランスが整って、力みのない姿勢を作れる

舟状骨（しゅうじょうこつ）

距骨は、身体の中で筋肉が付着していない唯一の骨。身体の骨は、全部で約206個、その中で足の骨は左右合わせて50個近くあり、全体の骨の4分の1が足に集中しています。距骨は、自由度が高く、ずれも起きやすいため、ヒールの靴を履く女性はもちろんのこと、ほとんどの人にとって歪みが生じやすい部分です。

身体を積み木に例えると、距骨も足裏も一番下の土台部分。**土台が崩れてしまうと、その上に乗っかっている身体全体に負担がかかり、その影響は頭にまで及びます！**

また、足裏には3つのアーチがあり、一般的にこのアーチが高すぎるとハイアーチ、アーチが潰れていると扁平足と言われています。どちらの場合も、衝撃を分散しづらかったり、逆に吸収しすぎたりと、身体に余計な負担がかかります。崩れた積み木をどう立て直して調整していくかで、ボディライン全体が変わってきます。5本の指がしっかり開き、足裏がちょうどいい張り具合で弾力がある、最高の状態に仕上げていきましょう。

入浴中や寝る前にほぐすのを習慣化してみてください。

目安時間：10分　目安回数：左右1セット

足裏ほぐし

↓

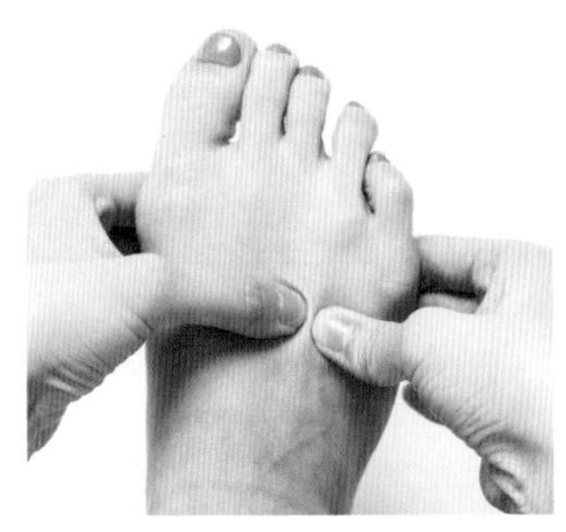

足指を持って、1本1本割くように前後に動かす。足の甲の部分も指の骨に沿って上下にほぐす。足先から足首に向かって足全体をほぐす。数回行う。

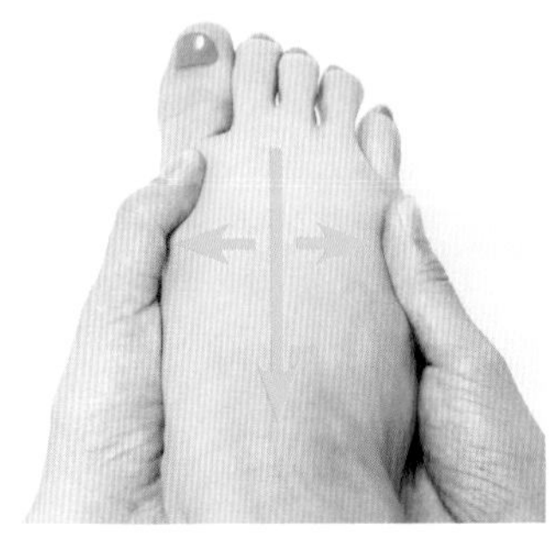

↓

足に山を作るイメージで中心から外に足を伸ばしながら丸める。足先から足首に向かって徐々に山の形にしながらほぐしていく。数回行う。

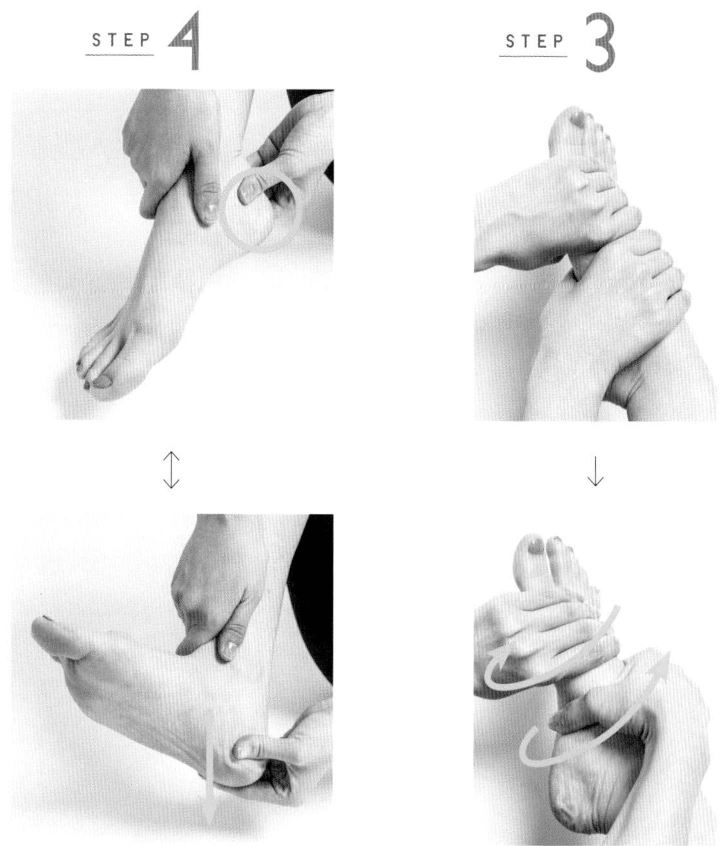

STEP 3

足を両手でつかみ、足先から足首に向かって雑巾しぼりのように10～20回ねじっていく。

STEP 4

かかとを持って、靴を脱ぐようなイメージでかかとを押し出す。10回繰り返す。1～4の動きを1セットにして、左右1セットずつ行う。

目安時間：4分　目安回数：左右8～10回ずつ

足裏アーチエクササイズ

動画で CHECK!

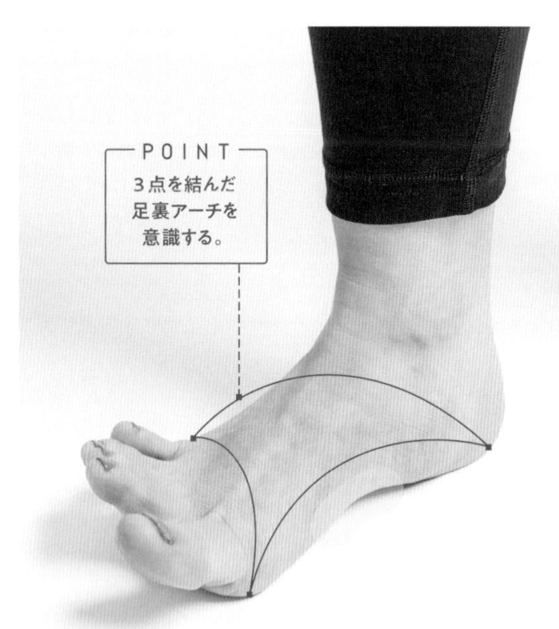

POINT
3点を結んだ
足裏アーチを
意識する。

STEP 1

足指を上げる

かかと、親指の付け根、小指の付け根の3点を床につけたまま、足指を上げる。

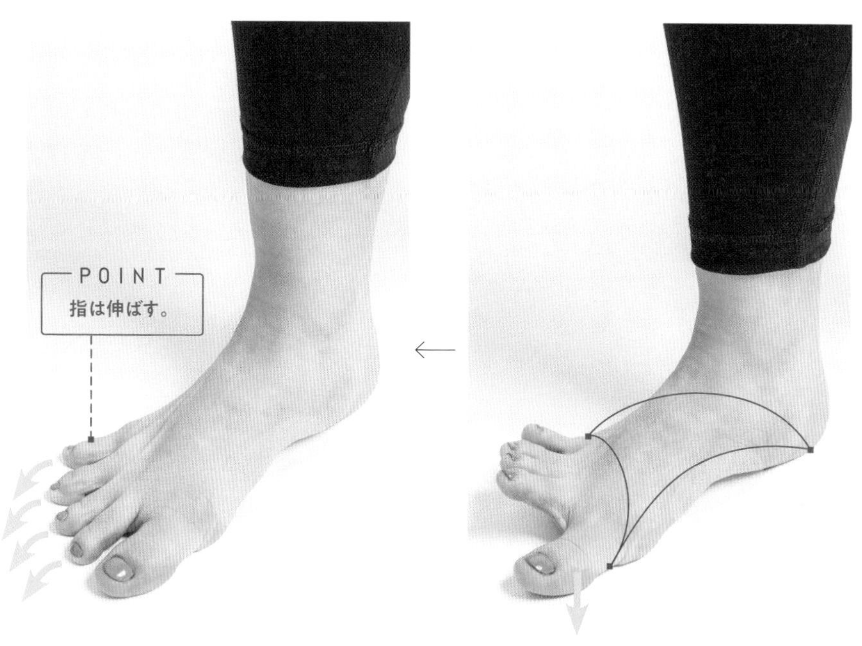

STEP

2 親指、小指、残りの３本の指を順番に床につける

３点が床についたまま、親指を下ろして床につける。その状態から先に小指を床につけて、残りの３本もつける。1～2の動きを左右８～10回ずつ繰り返す。この動きで足裏がしっかり働くようになる。

目安時間：5分　目安回数：左右5〜8回ずつ

足首リセット

・POINT・

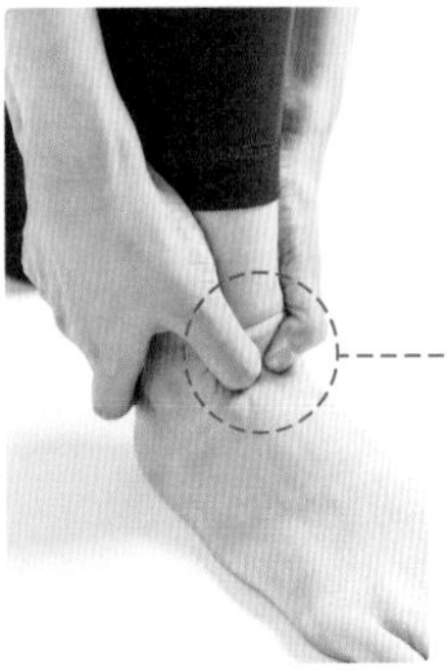

写真の位置を参考にして、両くるぶしの指1本分内側を両親指で押さえる。

STEP 1

距骨を親指で押さえる

右脚を前に出して、片ひざ立ちになる。両くるぶしの指1本分内側にある距骨を両親指で押さえる。

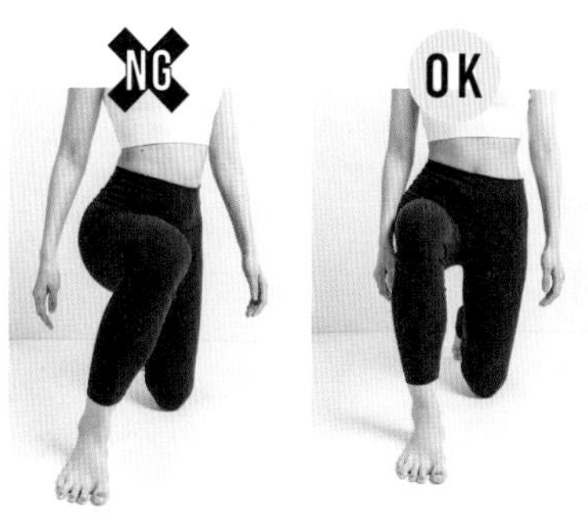

前に出している脚のひざが内側や外側にずれないように、まっすぐ立てる。

重心を前へ、距骨を親指でしっかり押し込む。

STEP 2

足を踏み込んで、距骨を押し込む

吸って吐きながら脚を踏み込んで、距骨を押し込む。吸う息でゆっくり戻る。1〜2を左右5〜8回ずつ繰り返す。距骨を押し込んでいる足のかかとが浮かないように注意する。

目安時間：5分　目安回数：8～10回ずつ

全身つなげるエクササイズ

STEP 1 ひざ上から腕を上げ下げする

146ページ「足裏アーチエクササイズ」の3点を意識しながら、脚を骨盤幅に広げて立つ。両手でタオルを持ち、背中を伸ばしたまま、ひざの上まで腕を下ろして、吸う息で腕を持ち上げる。吐く息で腕を下ろして、吸う息で一直線に立つ。この動きを8～10回繰り返す。

POINT
全身の伸びを
感じる
POINT
146ページの3点を
しっかり床につける
ことを意識する。

STEP 2

片脚を伸ばし、両腕を上げ下げする

1の中央のポジションから、右脚を後ろに引いた状態で、左脚のひざは軽く曲げておく。両腕を上に伸ばし、上げ下げを繰り返す。脚を反対にして、8～10回繰り返す。自然な呼吸でOK。

目安時間：3分　目安回数：8～10セット

重力を味方にエクササイズ

POINT
肩に負担がかかる人は
タオルの幅を広く持とう。

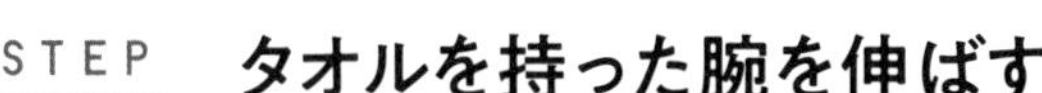

STEP 1 タオルを持った腕を伸ばす

脚は骨盤幅に開き、つま先を正面に向けて立つ。タオルを幅広く持って、腕を上に伸ばす。

別アングル
POINT
体の後ろ側の
伸びを感じよう。
POINT
もしバランスがとりにくかったら、無理にかかとを持ち上げなくてもOK。

STEP 2 タオルを持った腕を背中に寄せて下げる

1のポジションから吐く息でかかとを持ち上げ、ひじを背中に寄せてタオルを下げる。バランスをとりながら、吸う息で1のポジションに戻る。1〜2の動きを1セットにして、8〜10セット繰り返す。

Part.3

もっと
上半身リセット

「フェイスライン」「首」「鎖骨」「背中」「二の腕」「お腹」
上半身の気になる６カ所のエクササイズを紹介。
毎日の上半身リセットに部位別エクササイズを少しプラスすれば、
美しいボディラインがより早く手に入れられます。

気になる部位を
もっともっと美しく

Part.2で紹介した上半身リセットを習慣にすることで、身体本来が持っている機能を取り戻し、あなたの個性を生かした一生ものの身体に変化していきます。
上半身リセットだけでも様々な身体の不調が改善し、ボディラインも変化しますが、もっとキレイになりたい！という人に向けて、部位別のエクササイズを紹介します。
上半身リセットでは土台を整え、Part.3『もっと上半身リセット』では、さらに「部位別」にキレイになっていきましょう。

- **たるみを解消してスッキリ小顔になるために「もっとフェイスライン」**
- **首長効果のある「もっと首」**
- **鎖骨が出たキレイなデコルテラインを目指す「もっと鎖骨」**
- **たるんだ二の腕を引き締める「もっと二の腕」**
- **もたつきをとり、背骨と肩甲骨のラインが出る「もっと背中」**
- **くびれを作るための「もっとお腹」**

以上の6エクササイズです。上半身リセットを行った後に、気になる部位をプラスして、理想のボディラインを作ってくださいね。

目安時間：5～8分　目安回数：5～10回

もっとフェイスライン

動画で
CHECK!

別アングル

指の腹で側頭部を押さえて、ゆっくりぐるぐると回してほぐす。

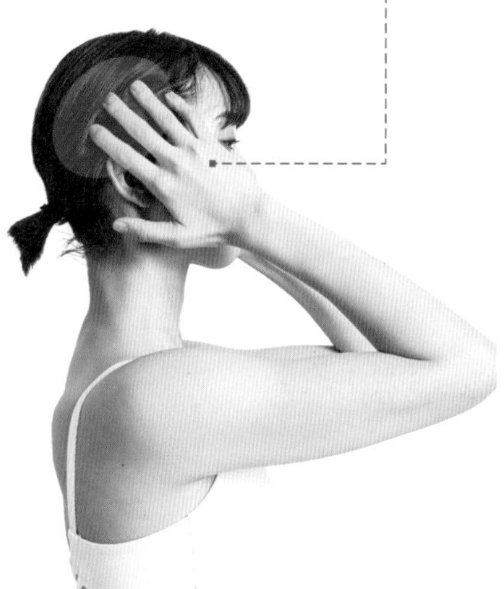
POINT
気持ち良く
ほぐしていく。

STEP 1

側頭部のコリをほぐす

指先で側頭筋（耳上あたりの側頭部）を30秒ほぐす。物足りなさを感じたらさらに30秒ほぐす。自然な呼吸でOK。

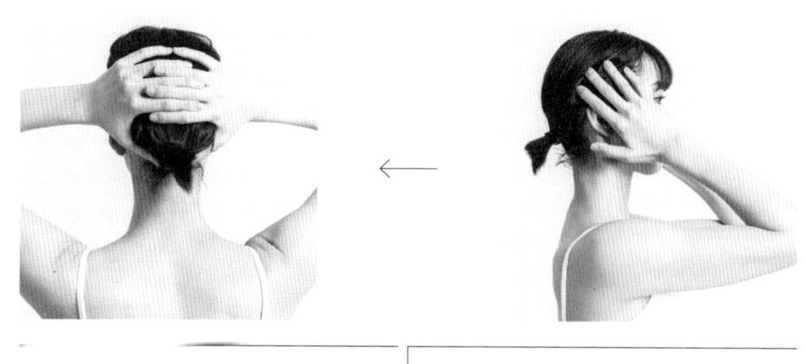

POINT
ひじを少し前に出すと
肩がリラックスできる。
あいうえお

STEP **2**

「あ」「い」「う」「え」「お」で顔全体を動かす

指先を側頭部に置き、下から斜め上の方向に、髪をかき上げるように指先を滑らせる。頭の後ろに手を添え、親指を頭と首の境目にセットし、口を大きく開けて「あ」「い」「う」「え」「お」と動かす。頭に置いた手を放し、また指先で髪をかき上げる動作からスタート。5〜10回繰り返す。

目安時間：2～3分　目安回数：5～8回

もっと首

・POINT・

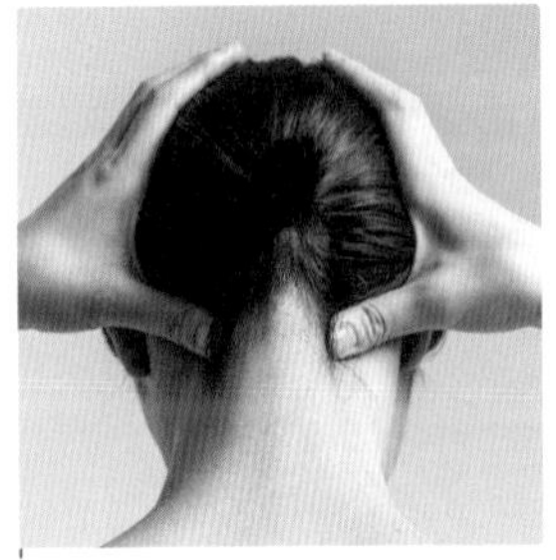

頭と首の境目のくぼみ部分に親指を当てる。

別アングル

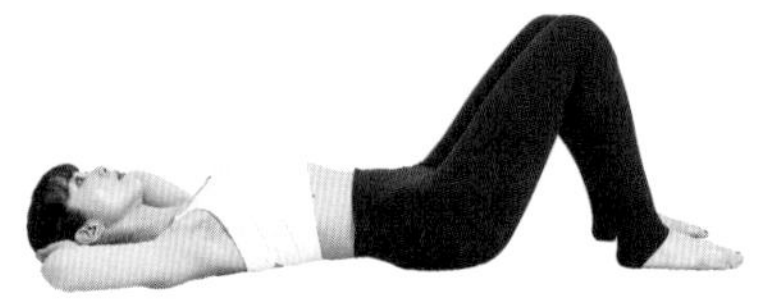

腰を反りすぎず、左右の腰骨と恥骨を結んだ三角の面が床に対して平行になるようにセットする（105ページ参照）。

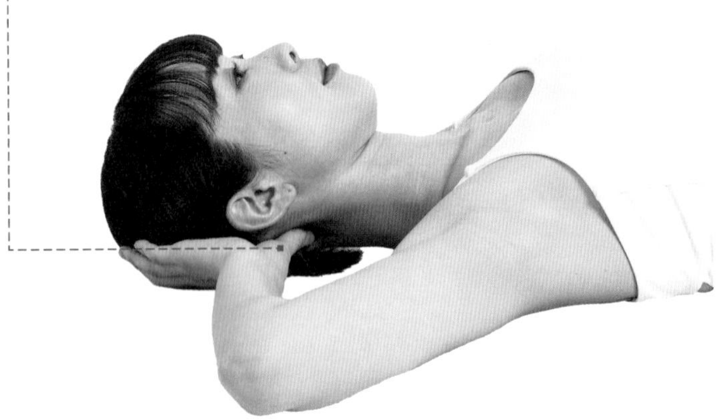

STEP 1 仰向けになり、頭と首の境目に親指を当てる

ひざを立てて仰向けの姿勢になる。親指を頭と首の境目に当てて、他の指は頭の横に添える。頭は完全に床につける。

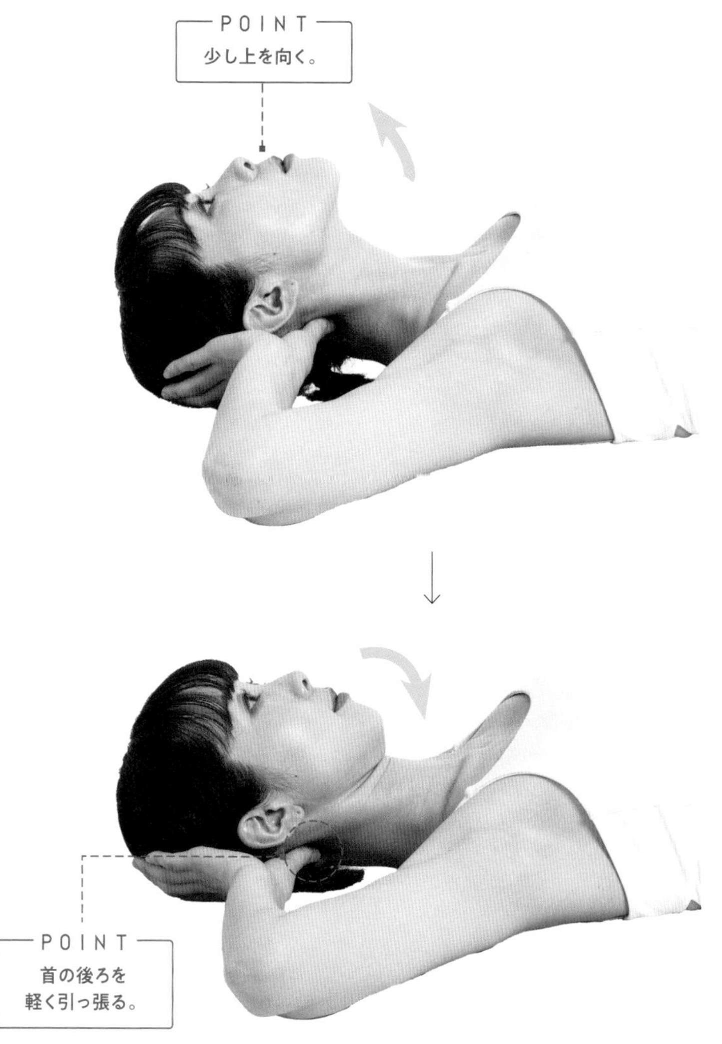
POINT
少し上を向く。
POINT
首の後ろを
軽く引っ張る。

STEP 2

頭を上下に動かす

吸う息で顔を上に向けて、吐く息で親指を押さえた頭と首の境目部分を上に持ち上げるように引っ張りながら、うなずく。この動きを5〜8回繰り返す。

目安時間：1～2分　目安回数：8～10回

もっと鎖骨

動画でCHECK!

POINT
手はあまり高くない位置で合わせる。

STEP 1 手の甲を合わせて腕を持ち上げる

手の甲を合わせ、みぞおちあたりになるように腕を持ち上げてセットする。手を高く持ち上げすぎると、肩が上がって、首こりや肩こりの原因にもなるので無理しないのがポイント。

胸を開くときは、鎖骨を後ろに引くことを意識して肩甲骨を無理に寄せすぎない。

POINT
鎖骨から後ろに引く。

POINT
ひじは少し低い位置に。そうすると肩が上がりにくい。

STEP 2

鎖骨を後ろに引き、胸を開く

無理に肩甲骨を寄せようとせず、鎖骨を後ろに引くイメージで、吸う息で手のひらを外に返して胸を開く。吐いて手を元の位置に戻す。1～2の動きを8～10回繰り返す。

目安時間：3分　目安回数：2～3セット

動画でCHECK!

もっと二の腕

POINT
腕は遠くへ伸ばす。

STEP 1 腕をねじる

手のひらを下に向けて腕を肩の延長線上に伸ばす。手を遠くへ伸ばすことを意識して、雑巾しぼりのように片腕は外巻き、もう片腕は内巻きにしっかりねじる。

STEP

2

腕を逆向きにねじる

1とは逆向きにねじる。1～2の動きを10回1セットで、2～3セット行う。

目安時間：**4** 分　目安回数：**1～2** セット

もっと背中

＼動画で CHECK!／

POINT
この動きで肩に力が入ってしまう人は、 腕を下ろした状態で、肩をわざとグッと上げてストンと下に落とす動きをしてから、腕を持ち上げてみる。もしくは116ページの「肩甲骨アップダウン」をやってから、チャレンジすると効果的。

STEP 1

手のひらを内側、腕を上げて「W」に下ろす

手のひらを内側に向け、腕をまっすぐ上げる。そこから手のひらを外側に向け、ひじを背中側に寄せてアルファベットの「W」の形に下ろす。

STEP

2

腕を下ろす→「W」→腕を上げる

「W」の状態から、手のひらを内側に向けながら、ひじ下を下ろす。そこからひじ下を曲げてまた「W」の形に一度戻してから、腕をまっすぐ上げた1の始めのポジションに戻す。腕を上げる→「W」→腕を下ろす→「W」→腕を上げるの動きを1〜2セットやる。自然な呼吸でOK。

目安時間：3～4分　目安回数：左右5～7回ずつ

動画で
CHECK!

もっとお腹

POINT
体を倒しすぎたり、
ねじりすぎたりすると
腰に負担がかかるので、
自分ができる範囲で
最初は小さい
動きから始める。

1

3

2

STEP 1

片ひざ立ちで体をねじる

左脚を横に開いて、右ひざを床につけた状態でひざ立ちする。タオルを持って、手を持ち上げる。体を右に倒して、左に肋骨をねじる。このとき顔は左上に上げる。この動きを5～7回繰り返したら、反対側も行う。自然な呼吸でOK。

STEP 2

片脚を伸ばしたひざ立ちで、体をねじる

1の初めの状態から左脚を伸ばして、1と同じ動きをする。5～7回繰り返したら、反対側も行う。自然な呼吸でOK。

生まれ持った骨の形状や、大きさ、長さは変えることができません。

ですが、骨の位置を適切な位置に戻し、筋肉の向きや長さが変わることで、見た目を変えることは可能です。

そこに意識を向けていくことで、自分の個性を生かした身体を手に入れることができます。

私自身、身体が絶不調だったときは、心も疲弊していました。

身体を整えたことで、一番強く感じるのは、心も健康になったことです。
今も、目の前のことで手一杯になり、忙しい日が続くと、体調を崩してしまいがち。
だからこそ、日々リセットの時間を取り入れています。

この世界であなたはたった一人しかいません。
たった一人の自分を大切にして、誰かではなく、自分自身の心と身体の変化を楽しんでいきましょう。

本書で紹介しているコンディショニングやエクササイズを実践してみると、「わからない・できない・難しい」と感じる動作が出てくるかもしれません。

それこそが「伸びしろ」です！

簡単にできてしまう動作は、すでにあなた自身も獲得済み。
集中しないとできなかったり、行ったことがない動作の方が身体を変えてくれます。

今のあなたの身体は過去の習慣によって積み重ねられてきたもの。
これからを変えていくには、その習慣を変えていく必要があります。
今までの習慣を変えるきっかけに、ぜひこの『上半身リセット』を1つでも取り入れてみてください。

苦手な動作を見つけたときは、身体にお宝を発見できたようなラッキーな気持ちで！
自分自身の身体にまだまだ伸びしろがあることを感じてみてくださいね。

続けると変化は、着実に表れる。

これは、2022年から始めた月額オンラインレッスンの生徒さんたちに教えていただきました。
みなさん、忙しい日々の中でアーカイブ動画を見て何度も繰り返し、一生懸命実践して習慣化することで、身体の変化を身をもって体感されています。

対面レッスンではないので自分の頭で考えて、身体の隅々まで意識を向け、レッスン中のポイントを押さえながら、集中して動かなければなりません。

とても大変ですが、ここがとにかく重要。

自分の身体に集中して向き合うからこそ効果が実感できて、身体も変わるのです！

その様子をＳＮＳや質問コーナーで報告してくださるので、何歳になっても身体はこんなにも変化するということを生徒さんから学んでいます。

「できるか、できないかではなく、やるか、やらないか」

これは生徒さんの言葉です。

未来の身体は、今つくられています。

これからも一緒にリセットを習慣化していきましょう。

佐川　裕香

オンラインレッスン やっています

身体の悩みに対して一時的な改善ではなく、根本から身体を変えていきたい人に向けて、2022年から「U-FIX月額制オンラインレッスン」を始めました。現在、多くの生徒さんがご参加されています。週に1回、「60分間のリアルタイムレッスン」があり、その後質問コーナーを設けています。エクササイズは身体の構造を説明しながら、「整え、鍛え、繋げる」の3ステップで詳しくお伝えしています。このリアルタイムレッスンはアーカイブに保存されるので、いつでも視聴可能。生徒さんの9割は、アーカイブでオンラインレッスンに参加しています。

オンラインレッスンについての詳しい内容はこちら

U-FIX https://lp.mosh.jp/u-fix 

上半身リセット 特別オンライン レッスンを開催

本書で紹介した上半身リセットのエクササイズの中からピックアップして、書籍購入者限定「上半身リセット 特別オンラインレッスン」を行います。本書で紹介したエクササイズからピックアップし、「60分間のレッスン＋質問コーナー」の中でさらに詳しく解説、実践していきます。このオンラインレッスンもアーカイブ保存するので、リアルタイムで参加できなくても、視聴可能です。詳しくは本に挟んである「上半身リセット特別オンラインレッスン開催」と書いてあるハガキをご確認ください。

STAFF

カバーデザイン	小口翔平・須貝美咲（tobufune）
本文デザイン	熊谷菜穂美（ATOM STUDIO）
イラスト	トキア企画
写真・動画撮影	福井麻衣子
ヘアメイク	川口陽子
動画編集	グランツ
オンラインレッスン開設	MOSH
校正	ディクション
DTP	アルファヴィル
編集	片山緑（サンマーク出版）

ダイエットするよりキレイになれる
上半身リセット

2023年5月30日　初版発行
2023年6月30日　第3刷発行

著者　**佐川裕香**

発行人　黒川精一
発行所　株式会社サンマーク出版
〒169-0074 東京都新宿区北新宿 2-21-1
03-5348-7800（代表）
https://www.sunmark.co.jp

印刷・製本　共同印刷株式会社

ISBN978-4-7631-4054-8 C2075